切削用量简明手册

第 3 版

艾 兴 肖诗纲 编

机 械 工 业 出 版 社

本书包括车、镗、车螺纹、钻、扩、铰、端铣、圆柱铣、立铣、滚齿轮与蜗轮和插齿等切削用量选择，分为车削、孔加工、铣削和齿轮加工四部分。各部分除常用的切削用量表可供查用外，均有切削用量的计算公式和相应的系数和指数，可直接计算。车削、孔加工和铣削部分还举例说明切削用量的选择方法与步骤。书中既有最常用的高速钢与硬质合金刀具切削用量选择，还有涂层硬质合金、陶瓷刀具以及聚晶金刚石等新刀具的切削用量表，可供参考。此外，还附有几种常用的车床、钻床与铣床资料，以便查用。

本书简明方便，适于高等学校机械制造工艺及设备专业的学生学习金属切削原理与刀具课程时做习题作业，以及进行刀具、机床和工艺课程设计以及毕业设计时使用，也可供中等专业学校使用，并可供工厂技术人员进行有关工艺和设计工作时参考。

图书在版编目（CIP）数据

切削用量简明手册/艾兴，肖诗纲编. —3 版. —北京：机械工业出版社，2002.6（2025.5重印）
ISBN 978-7-111-03846-7

Ⅰ. 切… Ⅱ.①艾… ②肖… Ⅲ. 切削用量-手册
Ⅳ. TG501.2-62

中国版本图书馆 CIP 数据核字（2002）第 038679 号

机械工业出版社（北京市百万庄大街 22 号 邮政编码 100037）
责任编辑：赵爱宁 版式设计：王 颖 责任校对：刘志文
封面设计：方 芬 责任印制：刘 媛
北京富资园科技发展有限公司印刷
2025 年 5 月第 3 版·第 26 次印刷
184mm×260mm·8.25 印张·189 千字
标准书号：ISBN 978-7-111-03846-7
定价：25.80 元

电话服务　　　　　　　　　网络服务
客服电话：010-88361066　　机 工 官 网：www.cmpbook.com
　　　　　010-88379833　　机 工 官 博：weibo.com/cmp1952
　　　　　010-68326294　　金 书 网：www.golden-book.com
封底无防伪标均为盗版　机工教育服务网：www.cmpedu.com

第 3 版前言

本书是根据艾兴和肖诗纲编写的《切削用量手册》修订的。它主要是为高等工科院校机械制造工艺及设备专业的金属切削原理与刀具课程编写的辅助教材，供学生学习该课程时做习题、作业之用以及进行刀具、机床、工艺课程设计和毕业设计时参考，也可供中等专业学校使用以及工厂技术人员进行有关工艺和设计工作时参考。

原书出版后，经有关专业学生和技术人员使用，反映良好，并多次印刷达十几万册，1987 年被国家机械委评为全国高等学校机电、兵工类优秀教材二等奖。原书中包括车、镗孔、车螺纹、钻、扩、铰、铣和齿轮加工等基本加工方法的切削用量，其中切削速度、切削力与切削功率都有计算公式和有关系数与指数，可以直接计算，省去了大量数据表格，因而比较简明。为便于实用，原书中也有最基本的几种切削用量表格；更突出的是，根据国内工厂调查和发表的有关实际切削用量数据，参考美国、德国等有关资料，按平均先进水平对切削速度计算公式中的系数 C_v 进行了修正，以此计算出有关用量的表格，所以原书的主要特点是内容简明实用，符合国内实际情况。这次修订时，除保留原有的主要特点外，在内容和系统上又作了必要的补充和改动，以符合当前的实际要求。修订的主要内容有：

1) 内容上仍然包括车削、孔加工、铣削和齿轮加工用量四大部分，但由于新刀具材料的发展和应用，在有关部分增加了涂层硬质合金、陶瓷刀具、立方氮化硼刀具和金刚石刀具的切削用量，供选用时参考。因为铰孔、立铣加工槽、滚齿与插齿等加工方法应用很普遍，而在原手册中，只有其切削用量的计算公式，所以修订时分别在有关部分增加了高速钢与硬质合金铰刀铰孔、高速钢立铣刀铣槽、高速钢滚刀与插齿刀滚齿与插齿的切削用量数据表，以便于工厂实际工作中直接选用。

2) 原书中车削和孔加工用量部分，使用条件改变时的修正系数表格较多，而且比较分散。修订时，将这两部分的修正系数分别列在统一的表格中，因而简单明了，便于查找。原手册中的孔加工用量部分被分成钻孔用量和扩孔与铰孔用量两部分，这是由于它们之间紧密相联，有些还相互通用。修订时将其合并为钻、扩和铰孔用量统一安排，以避免不必要的重复，并具有较好的系统性。

3) 根据《金属切削基本术语》（GB/T12204—90），将刀具耐用度改为刀具寿命等。原书中的速度单位为 m/s，与工厂实际使用的 m/min 不同，计算和查表后还要换算。这次修订将速度的单位一律改为 m/min，转数的单位改为 r/min，这样便于实用，且符合我国法定计量单位。

4) 近几年来，国内出版了几本有关切削用量的大型手册，如《机械加工工艺手册》（其中切削用量部分参考了《切削用量手册》的有关内容)、《机械加工切削数据手册》（翻译出版的）等。本书为突出其特点而更名为《切削用量简明手册》。

　　本书车削和孔加工用量部分由重庆大学肖诗纲编写，铣削和齿轮加工部分由山东工业大学艾兴编写。全书由艾兴统稿。本书承蒙北京理工大学于启勋教授详细审阅，提出了许多宝贵意见，特此致谢。

　　限于编者的水平，书中错误在所难免，请读者批评指正。

编　者
1993 年 1 月

目　　录

第三部分　铣削用量选择

五、铣削用量计算公式 ············ 107

六、常用铣床的技术资料 ············ 111

第四部分 齿轮加工切削用量选择

第一部分 车削用量选择

一、切 削 要 素

v_c——切削速度（m/min），$v_c = \dfrac{\pi dn}{1000}$；

d——工件外径（mm）；

n——工件转数（r/min）；

a_p——切削深度（mm）；

f——进给量（mm/r）；

T——刀具寿命（min）。

二、车削用量选择举例

〔已知〕

加工材料——40Cr 钢，$\sigma_b = 700$MPa，锻件，有外皮；

工件尺寸——坯件 $D = 70$mm，车削后 $d = 60$mm，加工长度 $= 280$mm，见图 1-1；

加工要求——车削后表面粗糙度为 $R_a 3.2 \mu m$；

车床——C620-1，工件两端支承在顶尖上。

〔试求〕

1）刀具

2）切削用量

3）基本工时

〔解〕

由于工件是锻造毛坯，加工余量达 5mm，而加工要求又较高（$R_a 3.2 \mu m$），

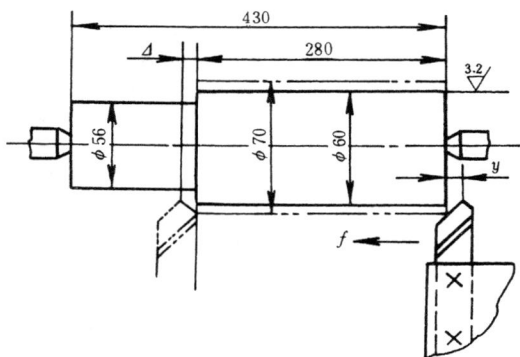

图 1-1 车削用量选择举例

故分两次走刀，粗车加工余量取为 4mm，半精车加工余量取为 1mm。

1. 粗车

（1）选择刀具

1）选择直头焊接式外圆车刀（最好选择机夹可转位车刀，这种刀具的结构及设计将在刀具设计中讲授）。

2）根据表 1.1，由于 C620-1 车床的中心高为 200mm（表 1.30），故选刀杆尺寸 $B \times H$ = 16mm×25mm，刀片厚度为 4.5mm。

3）根据表 1.2，粗车带外皮的锻件毛坯，可选择 YT5 牌号硬质合金。

4）车刀几何形状（表 1.3）；选择卷屑槽带倒棱前刀面，$\kappa_r = 60°$，$\kappa'_r = 10°$，$\alpha_o = 6°$，$\gamma_o = 12°$，$\lambda_s = 0°$，$r_\varepsilon = 1.0\text{mm}$，$\gamma_{o1} = -10°$，$b_{\gamma1} = 0.4\text{mm}$。卷屑槽尺寸为 $r_{Bn} = 5\text{mm}$，$W_{Bn} = 5\text{mm}$，$C_{Bn} = 0.7\text{mm}$（卷屑槽尺寸根据以后选择的进给量确定）。

（2）选择切削用量

1）确定切削深度 a_p 由于粗加工余量仅为 4mm，可在一次走刀内切完，故

$$a_p = \frac{70 - 62}{2}\text{mm} = 4\text{mm}$$

2）确定进给量 f 根据表 1.4，在粗车钢料、刀杆尺寸为 16mm×25mm、$a_p = 3\sim5\text{mm}$ 以及工件直径为 60～100mm 时

$$f = 0.4 \sim 0.7\text{mm/r}$$

按 C620-1 车床说明书选择

$$f = 0.55\text{mm/r}$$

确定的进给量尚需满足车床进给机构强度的要求，故需进行校验。

根据 C620-1 车床说明书，其进给机构允许的进给力 $F_{max} = 3530\text{N}$。

根据表 1.21，当钢的强度 $\sigma_b = 680\sim810\text{MPa}$，$a_p \leqslant 4\text{mm}$，$f \leqslant 0.75\text{mm/r}$，$\kappa_r = 45°$，$v_c = 65\text{m/min}$（预计）时，进给力为 $F_f = 1820\text{N}$。

切削时 F_f 的修正系数为 $k_{\nu oFf} = 1.0$，$k_{\lambda sFf} = 1.0$，$k_{\kappa rFf} = 1.11$（见表 1.29-2），故实际进给力为

$$F_f = 1820 \times 1.11\text{N} = 2020\text{N}$$

由于切削时的进给力小于车床进给机构允许的进给力，故所选 $f = 0.55\text{mm/r}$ 的进给量可用。

3）选择车刀磨钝标准及寿命 根据表 1.9，车刀后刀面最大磨损量取为 1mm，车刀寿命 $T = 60\text{min}$。

4）确定切削速度 v_c 切削速度 v_c 可根据公式计算，也可直接由表中查出。

根据表 1.10，当用 YT15 硬质合金车刀加工 $\sigma_b = 630\sim700\text{MPa}$ 钢料，$a_p \leqslant 7\text{mm}$，$f \leqslant 0.54\text{mm/r}$，切削速度 $v_t = 109\text{m/min}$。

切削速度的修正系数为 $k_{tv} = 0.65$，$k_{\kappa rv} = 0.92$，$k_{sv} = 0.8$，$k_{Tv} = 1.0$，$k_{kv} = 1.0$（均见表 1.28），故

$$v'_c = v_t k_v = 109 \times 0.65 \times 0.92 \times 0.8\text{m/min} = 52.1\text{m/min}$$

$$n = \frac{1000 v'_c}{\pi D} = \frac{1000 \times 52.1}{\pi \times 70}\text{r/min} = 237\text{r/min}$$

根据 C620-1 车床说明书，选择

$$n_c = 230\text{r/min}$$

这时实际切削速度 v_c 为

$$v_c = \frac{\pi D n_c}{1000} = \frac{\pi \times 70 \times 230}{1000}\text{m/min} = 51\text{m/min}$$

切削速度的计算也可根据表 1.27 进行

$$v_c = \frac{C_v}{T^m a_p^{xv} f y} k_v$$

式中 $k_v = k_{Mv} k_{tv} k_{\kappa rv} k_{sv} k_{Tv} k_{kv}$

故
$$v_c = \frac{242}{60^{0.2} \times 4^{0.15} \times 0.55^{0.35}} \times \frac{650}{700}$$
$$\times 0.65 \times 0.92 \times 0.8 \times 1 \times 1 \text{m/min}$$
$$= 47.5 \text{m/min}$$

$$n = \frac{1000v}{\pi D} = \frac{1000 \times 47.5}{\pi \times 70} \text{r/min} = 216 \text{r/min}$$

按 C620-1 车床说明书, 选择 $n_c = 230$r/min, 与查表结果相同, 这时 $v_c = 51$m/min。

5) 校验机床功率 切削时的功率可由表查出, 也可按公式进行计算。

由表 1.24, 当 $\sigma_b = 580 \sim 970$MPa, $a_p \leqslant 4$mm, $f \leqslant 0.6$mm/r, $v_c \leqslant 57$m/min 时, $P_c = 3.4$kW。

切削功率的修正系数 $k_{\kappa rPc} = k_{\kappa rFc} = 0.94$, $k_{\gamma oPc} = k_{\gamma oFc} = 1.0$ (表 1.29-2), 故实际切削时的功率为 $P_c = 3.4 \times 0.94$kW $= 3.2$kW。

切削功率也可根据公式计算, 这时 $P_c = F_c v_c / 6 \times 10^4$ (表 1.29)。式中 F_c 可由表 1.19 查出, 当 $\sigma_b = 580 \sim 970$MPa, $a_p \leqslant 4$mm, $f < 0.6$mm/r, $v_c \leqslant 55$m/min 时, $F_c = 3630$N。切削力 F_c 的修正系数为 $k_{\kappa rFc} = 0.94$, $k_{\gamma oFc} = 1.0$ (表 1.28), $F_c = 3630 \times 0.94$N $= 3412$N, 故
$$P_c = F_c v_c / 6 \times 10^4 = (3412 \times 51 / 6 \times 10^4) \text{kW} = 2.9 \text{kW}$$

根据 C620-1 车床说明书, 当 $n_c = 230$r/min 时, 车床主轴允许功率 $P_E = 5.9$kW, 因 $P_c < P_E$, 故所选择之切削用量可在 C620-1 车床上进行。

最后决定的车削用量为
$a_p = 4$mm, $f = 0.55$mm/r, $n = 230$r/min, $v_c = 51$m/min。

(3) 计算基本工时

$$t_m = \frac{L}{nf}$$

式中 $L = l + y + \Delta$, $l = 280$mm, 根据表 1.26, 车削时的入切量及超切量 $y + \Delta = 4.3$mm, 则 $L = 280 + 4.3$mm $= 284.3$mm, 故

$$t_m = \frac{284.3}{230 \times 0.55} \text{min} = 2.25 \text{min}$$

2. 半精车

(1) 选择刀具

车刀形状、刀杆尺寸及刀片厚度均与粗车相同。半精车的刀片牌号选为 YT15, 车刀几何形状为 (表 1.3): $\kappa_r = 45°$, $\kappa'_r = 5°$, $\gamma_o = 12°$, $\alpha_o = 8°$, $\lambda_s = 3°$, $r_\varepsilon = 1.0$mm, $\gamma_{o1} = -5°$, $b_{\gamma 1} = 0.3$mm。卷屑槽尺寸为 $r_{Bn} = 4$mm, $W_{Bn} = 3.5$mm, $C_{Bn} = 0.4$mm。

(2) 选择切削用量

1) 决定切削深度 a_p

$$a_p = \frac{62 - 60}{2} \text{mm} = 1 \text{mm}$$

2) 决定进给量 f 半精加工进给量主要受加工表面粗糙度的限制。根据表 1.6, 当表面粗糙度为 $R_a 3.2 \mu$m, $r_\varepsilon = 1.0$mm, $v > 50$m/min (预计) 时, $f = 0.3 \sim 0.35$mm/r。

根据 C620-1 车床说明书, 选择 $f = 0.3$mm/r。

3）选择车刀磨钝标准及寿命　根据表 1.9，选择车刀后刀面最大磨损量为 0.4mm，刀具寿命 $T = 60\text{min}$。

4）决定切削速度 v_c　根据表 1.10，当 $\sigma_b = 630 \sim 700\text{MPa}$，$a_p \leqslant 1.4\text{mm}$，$f \leqslant 0.38\text{mm/r}$ 时，$v_t = 156\text{m/min}$，切削速度的修正系数均为 1，故 $v'_c = 156\text{m/min}$。

$$n = \frac{1000 v'_c}{\pi D} = \frac{1000 \times 156}{\pi \times 62}\text{r/min} = 801\text{r/min}$$

根据 C620-1 车床说明书，选择

$$n_c = 770\text{r/min}$$

这时实际切削速度 v_c 为

$$v_c = \frac{\pi D n_c}{1000} = \frac{\pi \times 62 \times 770}{1000}\text{m/min} = 150\text{m/min}$$

5）校验机床功率　根据表 1.24，当 $\sigma_b = 580 \sim 970\text{MPa}$，$a_p \leqslant 2\text{mm}$，$f \leqslant 0.30\text{mm/r}$，$v_c \leqslant 162\text{m/min}$ 时，$P_c = 2.4\text{kW}$。

根据 C620-1 车床说明书，当 $n_c = 770\text{r/min}$ 时，主轴允许功率为 5.5kW。由于 $P_c < P_E$，故选择的切削用量可用，即

$$a_p = 1\text{mm}, \quad f = 0.3\text{mm/r}, \quad n = 770\text{r/min}, \quad v_c = 150\text{m/min}。$$

（3）计算基本工时

$$t_m = \frac{L}{nf}$$

根据表 1.26，$y + \Delta = 2\text{mm}$，故 $L = (280 + 2)\text{mm} = 282\text{mm}$

$$t_m = \frac{282}{770 \times 0.30}\text{min} = 1.22\text{min}$$

三、车削用量标准

表 1.1　车刀刀杆及刀片尺寸的选择

1. 刀杆尺寸

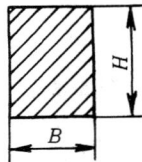

断面形状	尺寸 $B \times H$（mm×mm）							
矩形刀杆	10×16	12×20	16×25	20×30	25×40	30×45	40×60	50×80
方形刀杆	12×12	16×16	20×20	25×25	30×30	40×40	50×50	65×65

2. 根据车床中心高选择刀杆尺寸

车床中心高（mm）	150	180~200	260~300	350~400
刀杆横断面 $B \times H$（mm×mm）	12×20	16×25	20×30	25×40

（续）

3. 根据刀杆尺寸选择刀片尺寸

刀杆尺寸 $B\times H$ (mm×mm)	10×16	12×20	16×16	16×25	20×20	20×30
刀片厚度 (mm)	3.0	3.5～4	4.5	4.5～6	5.5	6～8

刀杆尺寸 $B\times H$ (mm×mm)	25×25	25×40	30×45	40×60	50×80
刀片厚度 (mm)	7	7～8.5	8.5～10	9.5～12	10.5

4. 根据切削深度及进给量选择刀片尺寸

a_p (mm)	3.2			4.8			6.4		7.9			9.5			12.7	
进给量 f (mm/r)	0.2～0.3	0.38	0.51	0.2～0.25	0.3～0.51	0.63	0.25～0.38	0.38～0.63	0.25～0.3	0.38～0.63	0.76	0.25～0.3	0.38～0.63	0.76	0.3～0.51	0.63～0.76
刀片厚度 (mm)	3.2	4.8	4.8	3.2	4.8	6.4	4.8	6.4	4.8	6.4	6.4～7.9	4.8	6.4	7.9	6.4	7.9

注：方形刀杆尺寸同上。

表 1.2 硬质合金的应用范围分类和用途分组（GB2075—87）

应用范围分类			用途分组			硬质合金牌号	性能提高方向	
代号	被加工材料	颜色	代号	被加工材料	适应的加工条件		切削性能	材料性能
P	长切屑的黑色金属	蓝色	P01	钢、铸钢	高切削速度、小切屑断面、无振动条件下的精车和精镗	YT30、YN05	↑切削速度　进给量↓	↑耐磨性　韧性↓
			P10	钢、铸钢	高切削速度、中等或小断面切屑条件下的车削、仿形车削、车螺纹及铣削	YT15、YM10①、YC15①、YC12①、YT707②、YT712②、YT715②、YT758②		
			P20	钢、铸钢、长切屑可锻铸铁	中等切削速度和中等切屑断面条件下的车削、仿形车削和铣削，小切屑断面的刨削	YT14、YS25①、YC15①、YT712②、YT715②、YT758②、YT798②		
			P30	钢、铸钢、长切屑可锻铸铁	中或低切削速度、中等或大切屑断面以及不利条件下的车削、铣削、刨削	YT5、YS25①、YS30①、YT5R①、YT535②		
			P40	钢、含砂和气孔的铸钢	低切削速度、大切削角、大切屑断面以及不利条件下的车削、铣削、插削和自动机床加工	YS25①、YC45①、YT540②		
			P50	钢、含砂眼和气孔的中或低强度钢铸件	需要韧性很好的硬质合金的加工，在低切削速度、大切削角、大切屑断面及不利条件下的车削、刨削、切槽和自动机床加工	YC45①		
M	长切屑或短切屑的黑色金属和有色金属	黄色	M10	钢、铸钢、锰钢、灰铸铁和合金铸铁	中或高切削速度、小或中等切屑断面条件下的车削	YW1、YD15①、YW3①、YM10①、YO12①、YG643②、YT707②、YT712②、YT767②	↑切削速度　进给量↓	↑耐磨性　韧性↓
			M20	钢、铸钢、奥氏体钢或锰钢、灰铸铁	中等切削速度和切屑断面条件下的车削、铣削	YW2、YS25①、YW3①、YT726②、YT758②、YT767②、YT798②、YG813②、YG532②		
			M30	钢、铸钢、奥氏体钢、灰铸铁、耐高温合金	中等切削速度、中等或大切屑断面条件下的车削、铣削、刨削	YS25①、YS2①		
			M40	易切钢、低强度钢、有色金属及轻合金	车削、切断、特别适于自动机床加工	YG640②		

（续）

应用范围分类			用　途　分　组		硬　质　合 金　牌　号	性能提高方向	
代号	被加工材料	颜色代号	被加工材料适应的加工条件			切削性能	材料性能
K	短切屑的黑色金属、有色金属及非金属材料	红色	K01	特硬灰铸铁、硬度大于85HS的冷硬铸铁、高硅铝合金、淬火钢、高耐磨塑料、硬纸板、陶瓷	车削、精车、镗削、铣削、刮削	YG3、YG3X、YD05①、YG600②、YG610②	切削速度↓　进给量↓　耐磨性↓ 材料性能↓　韧性↓
			K10	硬度大于220HBS的灰铸铁、短切屑的可锻铸铁、淬火钢、硅铝合金、铜合金、塑料、玻璃、硬橡皮、硬纸板、瓷器、石材	车削、铣削、钻削、镗削、拉削、刮削	YG6X、YG6A、YD10①、TD15①、YDS15①、YM051①、YM052①、YM053①、YG610②、YG643②、YT726②、YG813②、YG532②	
			K20	硬度小于220HBS的灰铸铁、有色金属：铜、黄铜、铝	车削、铣削、刨削、镗削、拉削、要求韧性很好的硬质合金	YG6、YG8N、YDS15①、YG813②、YG532②	
			K30	低硬度灰铸铁、低强度钢、压缩木料	在不利条件下和允许具有大切削角的车削、铣削、刨削、切槽加工	YG8、YG8N、YS2①、YG640②、YG546②	
			K40	软木或硬木、有色金属	在不利条件下和允许具有大切削角的车削、铣削、刨削、切槽加工	YG640②、YG546②	

注：1. 不利条件系指原材料或带表皮的铸件或锻件，其硬度不匀、切削深度不匀、间断切削以及在有振动的情况下工作等。

　　2. 牌号后注有①者为株洲硬质合金厂产品，注有②者为自贡硬质合金厂产品。

表1.3　车刀切削部分的几何形状

1. 前刀面形状

高速钢车刀

名　称	Ⅰ型　平面型	Ⅱ型　平面带倒棱型	Ⅲ型　卷屑槽带倒棱型
简　图			
应用范围	加工铸铁；在 $f \leqslant 0.2\text{mm/r}$ 时加工钢料；刃形复杂的车刀	在 $f > 0.2\text{mm/r}$ 时加工钢料	加工钢料时保证卷屑

硬质合金车刀

名　称	Ⅰ型　平面型	Ⅱ型　平面带倒棱型	Ⅲ型　卷屑槽带倒棱型
简　图			
应用范围	当前角为负值时，在系统刚性很好时加工 $\sigma_b > 800\text{MPa}$ 的钢料；当前角为正值时，加工脆性材料；在吃刀量及进给量很小时精加工 $\sigma_b \leqslant 800\text{MPa}$ 的钢料	加工灰铸铁和可锻铸铁；加工 $\sigma_b \leqslant 800\text{MPa}$ 的钢料；在系统刚性较差时，加工 $\sigma_b > 800\text{MPa}$ 的钢料	在 $a_p = 1 \sim 5\text{mm}$、$f \geqslant 0.3\text{mm/r}$ 时，加工 $\sigma_b \leqslant 800\text{MPa}$ 的钢料，保证卷屑

2.车刀的前角及后角

高速钢车刀

加 工 材 料		前 角 γ_o （°）	后 角 α_o （°）
钢和铸钢	$\sigma_b = 400 \sim 500MPa$	25～30	8～12
	$\sigma_b = 700 \sim 1000MPa$	5～10	5～8

加 工 材 料		前 角 γ_o （°）	后 角 α_o （°）
镍铬钢和铬钢 $\sigma_b = 700 \sim 800MPa$		5～15	5～7
灰铸铁	160～180HBS	12	6～8
	220～260HBS	6	6～8
可锻铸铁	140～160HBS	15	6～8
	170～190HBS	12	6～8
铜、铝、巴氏合金		25～30	8～12
中硬青铜及黄铜		10	8
硬青铜		5	6
钨		20	15
铌		20～25	12～15
钼合金		30	10～12
镁合金		25～35	10～15

硬质合金车刀

加 工 材 料		前 角 γ_o （°）	后 角 α_o （°）
结构钢、合金钢、铸钢	$\sigma_b < 800MPa$	10～15	6～8
	$\sigma_b = 800 \sim 1000MPa$	5～10	6～8
高强度钢及表面有夹杂的铸钢 $\sigma_b > 1000MPa$		$-5 \sim -10$	6～8
不锈钢 1Cr18Ni9Ti		15～30	8～10
耐热钢 $\sigma_b = 700 \sim 1000MPa$		10～12	8～10
锻轧高温合金		5～10	10～15
铸造高温合金		0～5	10～15
钛合金		5～15	10～15
淬硬钢 40HRC 以上		$-5 \sim -10$	8～10
高锰钢		$-5 \sim 5$	8～12
铬锰钢		$-2 \sim -5$	8～10
灰铸铁、青铜、脆黄铜		5～15	6～8
韧黄铜		15～25	8～12
紫铜		25～35	8～12
铝合金		20～30	8～12

（续）

加 工 材 料	前角 γ_o（°）	后角 α_o（°）
纯 铁	25~35	8~10
纯钨铸锭	5~15	8~12
纯钼铸锭、烧结钼棒	15~35	6

3. 主 偏 角

工 作 条 件	主偏角 κ_r（°）
在系统刚性特别好的条件下以小切削深度进行精车。工件硬度很高，车削冷硬铸铁及淬硬钢	10~30
在系统刚性较好（$l/d<6$）条件下加工，加工盘套之类工件	30~45
在系统刚性较差（$l/d=6\sim12$）条件下车削、刨削及镗孔	60~75
在毛坯上不留小凸柱的切断车刀	80
在系统刚性差（$l/d>12$）条件下加工，车阶梯表面、车端面、切槽及切断	90~93

4. 副 偏 角

工 作 条 件	副偏角 κ'_r（°）
宽刃车刀及具有修光刃的车刀、刨刀	0
切槽及切断	1~3
精车，精刨	5~10
粗车，粗刨	10~15
粗镗	15~20
有中间切入的切削	30~45

5. 刃 倾 角

工 作 条 件	刃倾角 λ_s（°）
精车及精镗	0~5
$\varepsilon_r=90°$车刀的车削及镗孔、切断及切槽	0
钢料的粗车及粗镗	0~-5
铸铁的粗车及粗镗	-10
带冲击的不连续车削、刨削	-10~-15
带冲击加工淬硬钢	-30~-45

6. 刀尖圆弧半径

车刀种类及材料		加工性质	车刀尺寸 $B \times H$（mm×mm）				
			12×20	16×25 20×20	20×30 25×25	25×40 30×30	30×45 40×40 以上
			刀尖圆弧半径 r_ε（mm）				
外圆车刀、端面车刀、镗刀	高速钢	粗加工	1~1.5	1~1.5	1.5~2.0	1.5~2.0	—
		精加工	1.5~2.0	1.5~2.0	2.0~3.0	2.0~3.0	—
	硬质合金	粗、精加工	0.3~0.5	0.4~0.8	0.5~1.0	0.5~1.5	1.0~2.0
切断及切槽刀			0.2~0.5				

（续）

7. 过渡刃尺寸

车 刀 种 类	过渡刃长度 b_ε (mm)	过渡刃偏角 $\kappa_{r\varepsilon}$ (°)
切 槽 刀	$\approx 0.25B$[①]	75
切 断 刀	$0.5\sim1.0$	45
硬质合金外圆车刀	$\leqslant 2.0$	$=\dfrac{1}{2}\kappa_r$

①B 表示切槽刀宽度。

8. 倒棱前角及倒棱宽度

刀 具 材 料	加 工 材 料	倒棱前角 γ_{o1} (°)	倒棱宽度 $b_{\gamma 1}$ (mm)
高 速 钢	结 构 钢	$0\sim5$	$(0.8\sim1.0)f$
硬 质 合 金	低碳钢、不锈钢	$-5\sim-10$	$\leqslant0.5f$
	中碳钢、合金钢	$-10\sim-15$	$(0.3\sim0.8)f$
	灰 铸 铁	$-5\sim-10$	$\leqslant0.5f$

9. 卷屑槽尺寸

刀具材料	卷屑槽尺寸 (mm)	车刀尺寸 $B\times H$（mm×mm）			
		12×20	16×25 20×20	20×30 25×25	25×40 30×30
高速钢	圆弧半径 r_{Bn}	$21\sim25$	$26\sim30$	$31\sim40$	$41\sim50$
	槽宽 W_{Bn}	$5.5\sim7$	$7.5\sim8.5$	$9\sim10$	$11\sim13$
硬质合金	进给量 f（mm/r）	0.3	0.5	0.7	0.9	1.2
	倒棱宽 $b_{\gamma 1}$	0.2	0.3	0.45	0.55	0.6
	圆弧半径 r_{Bn}	2.5	4	5	6.5	9.5
	槽宽 W_{Bn}	2.5	3.5	5	7	8.5
	槽深 C_{Bn}	0.3	0.4	0.7	0.95	1.0

表 1.4 硬质合金及高速钢车刀粗车外圆和端面的进给量

加工材料	车刀刀杆尺寸 $B\times H$（mm×mm）	工件直径（mm）	切削深度 a_p (mm)				
			$\leqslant3$	$>3\sim5$	$>5\sim8$	$>8\sim12$	12 以上
			进 给 量 f（mm/r）				
碳素结构钢、耐热钢、合金	16×25	20	$0.3\sim0.4$	—	—	—	—
		40	$0.4\sim0.5$	$0.3\sim0.4$	—	—	—
		60	$0.5\sim0.7$	$0.4\sim0.6$	$0.3\sim0.5$	—	—
		100	$0.6\sim0.9$	$0.5\sim0.7$	$0.5\sim0.6$	$0.4\sim0.5$	—
		400	$0.8\sim1.2$	$0.7\sim1.0$	$0.6\sim0.8$	$0.5\sim0.6$	—

（续）

加工材料	车刀刀杆尺寸 $B \times H$ (mm×mm)	工件直径 (mm)	切削深度 a_p (mm)				
			≤3	>3~5	>5~8	>8~12	12 以上
			进 给 量 f (mm/r)				
碳素结构钢、合金结构钢、耐热钢	20×30 25×25	20	0.3~0.4	—	—	—	—
		40	0.4~0.5	0.3~0.4	—	—	—
		60	0.6~0.7	0.5~0.7	0.4~0.6	—	—
		100	0.8~1.0	0.7~0.9	0.5~0.7	0.4~0.7	—
		600	1.2~1.4	1.0~1.2	0.8~1.0	0.6~0.9	0.4~0.6
	25×40	60	0.6~0.9	0.5~0.8	0.4~0.7	—	—
		100	0.8~1.2	0.7~1.1	0.6~0.9	0.5~0.8	—
		1000	1.2~1.5	1.1~1.5	0.9~1.2	0.8~1.0	0.7~0.8
	30×45 40×60	500	1.1~1.4	1.1~1.4	1.0~1.2	0.8~1.2	0.7~1.1
		2500	1.3~2.0	1.3~1.8	1.2~1.6	1.1~1.5	1.0~1.5
铸铁、铜合金	16×25	40	0.4~0.5	—	—	—	—
		60	0.6~0.8	0.5~0.8	0.4~0.6	—	—
		100	0.8~1.2	0.7~1.0	0.6~0.8	0.5~0.7	—
		400	1.0~1.4	1.0~1.2	0.8~1.0	0.6~0.8	—
	20×30 25×25	40	0.4~0.5	—	—	—	—
		60	0.6~0.9	0.5~0.8	0.4~0.7	—	—
		100	0.9~1.3	0.8~1.2	0.7~1.0	0.5~0.8	—
		600	1.2~1.8	1.2~1.6	1.0~1.3	0.9~1.1	0.7~0.9
	25×40	60	0.6~0.8	0.5~0.8	0.4~0.7	—	—
		100	1.0~1.4	0.9~1.2	0.8~1.0	0.6~0.9	—
		1000	1.5~2.0	1.2~1.8	1.0~1.4	1.0~1.2	0.8~1.0
	30×45 40×60	500	1.4~1.8	1.2~1.6	1.0~1.4	1.0~1.3	0.9~1.2
		2500	1.6~2.4	1.6~2.0	1.4~1.8	1.3~1.7	1.2~1.7

注：1. 加工断续表面及有冲击地加工时，表内的进给量应乘系数 $k=0.75~0.85$。

2. 加工耐热钢及其合金时，不采用大于 1.0mm/r 的进给量。

3. 加工淬硬钢时，表内进给量应乘系数 $k=0.8$（当材料硬度为 44~56HRC 时）或 $k=0.5$（当硬度为 57~62HRC 时）。

4. 可转位刀片的允许最大进给量不应超过其刀尖圆弧半径数值的 80%。

表1.5 硬质合金及高速钢镗刀粗镗孔的进给量

切削深度 a_p (mm)　进给量 f (mm/r)

圆形镗刀直径或方形镗杆尺寸(mm)	镗刀或镗杆伸出长度(mm)	碳素结构钢、合金结构钢、耐热钢						铸铁、铜合金					
		2	3	5	8	12	20	2	3	5	8	12	20
1. 车床和转塔车床													
10	50	0.08	—	—	—	—	—	0.12~0.16	—	—	—	—	—
12	60	0.10	0.08	—	—	—	—	0.12~0.20	0.12~0.18	—	—	—	—
16	80	0.10~0.20	0.15	0.10	—	—	—	0.20~0.30	0.15~0.25	0.10~0.18	—	—	—
20	100	0.15~0.30	0.15~0.25	0.12	—	—	—	0.30~0.40	0.25~0.35	0.12~0.25	—	—	—
25	125	0.25~0.50	0.15~0.40	0.12~0.20	—	—	—	0.40~0.60	0.30~0.50	0.25~0.35	—	—	—
30	150	0.40~0.70	0.20~0.50	0.12~0.30	—	—	—	0.50~0.80	0.40~0.60	0.25~0.45	—	—	—
40	200	—	0.25~0.60	0.15~0.40	—	—	—	—	0.60~0.80	0.30~0.60	—	—	—
40×40	150	—	0.60~1.0	0.50~0.70	—	—	—	—	0.70~1.2	0.50~0.90	0.40~0.50	—	—
40×40	300	—	0.40~0.70	0.30~0.60	—	—	—	—	0.60~0.90	0.40~0.70	0.30~0.40	—	—
60×60	150	—	0.90~1.2	0.80~1.0	0.60~0.80	—	—	—	1.0~1.5	0.80~1.2	0.60~0.90	—	—
60×60	300	—	0.70~1.0	0.50~0.80	0.40~0.70	—	—	—	0.90~1.2	0.70~0.90	0.50~0.70	—	—
75×75	300	—	0.90~1.3	0.80~1.1	0.70~0.90	—	—	—	1.1~1.6	0.90~1.3	0.70~1.0	—	—
75×75	500	—	0.70~1.0	0.60~0.90	0.50~0.70	—	—	—	0.70~1.1	0.70~1.1	0.60~0.80	—	—
75×75	800	—	—	0.40~0.70	—	—	—	—	—	0.60~0.80	—	—	—
2. 立式车床													
—	200	—	1.3~1.7	1.2~1.5	1.1~1.3	0.9~1.2	0.8~1.0	—	1.5~2.0	1.4~2.0	1.2~1.6	1.0~1.4	0.9~1.2
—	300	—	1.2~1.4	1.0~1.3	0.9~1.1	0.8~1.0	0.6~0.8	—	1.4~1.8	1.2~1.7	1.0~1.3	0.8~1.1	0.7~0.9
—	500	—	1.0~1.2	0.9~1.1	0.7~0.9	0.6~0.7	0.5~0.6	—	1.2~1.6	1.1~1.5	0.8~1.1	0.7~0.9	0.6~0.7
—	700	—	0.8~1.0	0.7~0.8	0.5~0.6	—	—	—	1.0~1.4	0.9~1.2	0.7~0.9	—	—

（续）

3. 卧式镗床加工

孔径 d (mm)	镗杆长度 L (mm)	加工材料								
		碳素结构钢、合金结构钢、耐热钢					铸铁、铜合金			
		切削深度 a_p (mm) 进给量 f (mm/r)					切削深度 a_p (mm) 进给量 f (mm/r)			
		2	3	5	8	10	3	5	8	10
≤50	L<10d	0.30~0.50	0.30~0.50	0.20~0.30	—	—	0.40~0.60	0.35~0.50	—	—
	L=(10~20)d	0.30~0.50	0.25~0.40	0.15~0.25	—	—	0.40~0.50	0.30~0.40	—	—
>50~150	L<10d	0.40~0.60	0.40~0.60	0.35~0.50	0.30~0.50	0.25~0.45	0.60~1.0	0.50~0.80	0.40~0.80	0.40~0.70
	L=(10~20)d	0.40~0.60	0.30~0.50	0.30~0.40	0.25~0.40	0.20~0.30	0.50~0.80	0.40~0.60	0.30~0.60	0.30~0.50
>150	L=(10~20)d	—	0.40~0.60	0.40~0.50	0.30~0.50	0.20~0.30	0.60~1.0	0.50~0.80	0.40~0.80	0.40~0.70

工件材料	最大切削深度 a_p (mm)					
	镗杆直径 (mm)					
	50	70	90	110	125	150
钢	3	5	8	10	12	15
灰铸铁	5	8	12	15	18	22

注：1. 切削深度较小、加工材料强度较低时，进给量取较大值；切削深度较大、加工材料强度较高时，进给量取较小值。
2. 加工耐热钢及其合金钢时，不采用大于 1mm/r 的进给量。
3. 加工断续表面及有冲击地加工时，表内进给量应乘系数 0.75~0.85。
4. 加工淬硬钢时，表内进给量应乘系数 k＝0.8（当材料硬度为 44~56HRC 时）或 k＝0.5（当硬度为 57~62HRC 时）。
5. 卧式镗床的进给量适于单刃镗刀，用双刃镗刀块加工时，表内进给量应乘系数 1.4~1.6。
6. 可转位刀片的允许最大进给量不应超过其刀尖圆弧半径数值的 80%。

表 1.6 硬质合金外圆车刀半精车的进给量

工件材料	表面粗糙度 R_a (μm)	切削速度范围 (m/min)	刀尖圆弧半径 r_ε (mm)		
			0.5	1.0	2.0
			进给量 f (mm/r)		
铸铁、青铜、铝合金	6.3	不限	0.25~0.40	0.40~0.50	0.50~0.60
	3.2		0.15~0.25	0.25~0.40	0.40~0.60
	1.6		0.10~0.15	0.15~0.20	0.20~0.35
碳钢、合金钢	6.3	<50	0.30~0.50	0.45~0.60	0.55~0.70
		>50	0.40~0.55	0.55~0.65	0.65~0.70
	3.2	<50	0.18~0.25	0.25~0.30	0.3~0.40
		>50	0.25~0.30	0.30~0.35	0.35~0.50
	1.6	<50	0.10	0.11~0.15	0.15~0.22
		50~100	0.11~0.16	0.16~0.25	0.25~0.35
		>100	0.16~0.20	0.20~0.25	0.25~0.35

加工耐热合金及钛合金时进给量的修正系数 (v>50m/min)	
工 件 材 料	修正系数
TC5, TC6, TC2, TC4, TC8, TA6, BT14 Cr20Ni77Ti2Al, Cr20Ni77TiAlB, Cr14Ni70WMoTiAl (GH37)	1.0
1Cr13, 2Cr13, 3Cr13, 4Cr13, 4Cr14Ni14W2Mo, Cr20Ni78Ti, 2Cr23Ni18, 1Cr21Ni5Ti	0.9
1Cr12Ni2WMoV, 30CrNi2MoVA, 25Cr2MoVA, 4Cr12Ni8Mn8MoVNb, Cr9Ni62Mo10W5Co5Al5, 1Cr18Ni11SiTiAl, 1Cr15Ni35W3TiAl	0.8
1Cr11Ni20Ti3B, Cr12Ni22Ti3MoB	0.7
Cr19Ni9Ti, 1Cr18Ni9Ti	0.6
1Cr17Ni2, 3Cr14NiVBA, 18Cr3MoWV	0.5

注：1. r_ε=0.5mm 用于 12mm×20mm 以下刀杆，r_ε=1mm 用于 30mm×30mm 以下刀杆，r_ε=2mm 用于 30mm× 45mm 及以上刀杆。

2. 带修光刃的大进给切削法在进给量 1.0~1.5mm/r 时可获表面粗糙度 R_a3.2~1.6μm；宽刃精车刀的进给量还可更大些。

表 1.7 切断及切槽的进给量

工 件 直 径 (mm)	切 刀 宽 度 (mm)	加 工 材 料	
		碳素结构钢、合金结构钢及钢铸件	铸铁、铜合金及铝合金
		进 给 量 f (mm/r)	
≤20	3	0.06~0.08	0.11~0.14
>20~40	3~4	0.10~0.12	0.16~0.19
>40~60	4~5	0.13~0.16	0.20~0.24
>60~100	5~8	0.16~0.23	0.24~0.32
>100~150	6~10	0.18~0.26	0.30~0.40
>150	10~15	0.28~0.36	0.40~0.55

注：1. 在直径大于 60mm 的实心材料上切断时，当切刀接近零件轴线 0.5 倍半径时，表中进给量应减小 40%~50%。

2. 加工淬硬钢时，表内进给量应减小 30%（当硬度<50HRC 时）或 50%（当硬度>50HRC 时）。

3. 如切刀安装在六角头上时，进给量应乘系数 0.3。

表 1.8 成形车削时的进给量

刀 具 宽 度 (mm)	加 工 直 径		
	20	25	≥40
	进 给 量 f (mm/r)		
8	0.03~0.08	0.04~0.09	0.040~0.090
10	0.03~0.07	0.04~0.085	0.040~0.085
15	0.02~0.055	0.035~0.075	0.040~0.080
20	—	0.03~0.060	0.040~0.080
30	—	—	0.035~0.070
40	—	—	0.030~0.060
≥50	—	—	(0.025~0.055)

注：1. 工件轮廓比较复杂且加工材料硬度较高时，取小的进给量；工件轮廓比较简单且加工材料硬度较低时，取大的进给量。

2. 括号内数值仅在加工直径≥60mm 时采用。

表 1.9 车刀的磨钝标准及寿命

	车刀类型	刀具材料	加 工 材 料	加工性质	后刀面最大磨损限度 (mm)
磨 钝 标 准	外圆车刀、端面车刀、镗刀	高速钢	碳钢、合金钢、铸钢、有色金属	粗车	1.5~2.0
				精车	1.0
			灰铸铁、可锻铸铁	粗车	2.0~3.0
				半精车	1.5~2.0
			耐热钢、不锈钢	粗、精车	1.0
		硬质合金	碳钢、合金钢	粗车	1.0~1.4
				精车	0.4~0.6
			铸铁	粗车	0·8~1.0
				精车	0.6~0.8
			耐热钢、不锈钢	粗、精车	0.8~1.0
			钛合金	精、半精车	0.4~0.5
			淬硬钢	精车	0.8~1.0
	切槽及切断刀	高速钢	钢、铸钢	—	0.8~1.0
			灰铸铁		1.5~2.0
		硬质合金	钢、铸钢		0.4~0.6
			灰铸铁		0.6~0.8
	成形车刀	高速钢	碳钢	—	0.4~0.5

车刀寿命	刀 具 材 料	硬 质 合 金	高 速 钢	
		普通车刀	普通车刀	成形车刀
	车刀寿命 T (min)	60	60	120

注：以上为焊接车刀的寿命，机夹可转位车刀的寿命可适当降低，一般选为 30min。

表 1.10 用 YT15 硬质合金车刀车削碳钢、铬钢、镍铬钢及铸钢时的切削速度

钢 σ_b (MPa) 切削深度 a_p (mm)								进给量 f (mm/r) / 切削速度 v_c (m/min)																
440~490	500~550	560~620	630~700	710~790	800~890	900~1000	>1000	42.6	48.0	54.0	60.6	68.4	76.8	86.4	97.0	109	123	138	156	176	198	222	250
1.4	—	—	—	—	—	—	—	—	—	—	—	—	—	—	—	2.15	1.65	1.27	0.97	0.75	0.54	0.38	0.25
3	1.4	—	—	—	—	—	—	—	—	—	—	—	—	—	2.15	1.65	1.27	0.97	0.75	0.54	0.38	0.25	0.14
7	3	1.4	—	—	—	—	—	—	—	—	—	—	—	2.15	1.65	1.27	0.97	0.75	0.54	0.38	0.25	0.14	—
15	7	3	1.4	—	—	—	—	—	—	—	—	—	2.15	1.65	1.27	0.97	0.75	0.54	0.38	0.25	0.14	—	—
—	15	7	3	1.4	—	—	—	—	—	—	—	2.15	1.65	1.27	0.97	0.75	0.54	0.38	0.25	0.14	—	—	—
—	—	15	7	3	1.4	—	—	—	—	—	2.15	1.65	1.27	0.97	0.75	0.54	0.38	0.25	0.14	—	—	—	—
—	—	—	15	7	3	1.4	—	—	—	2.15	1.65	1.27	0.97	0.75	0.54	0.38	0.25	0.14	—	—	—	—	—
—	—	—	—	15	7	3	1.4	—	2.15	1.65	1.27	0.97	0.75	0.54	0.38	0.25	0.14	—	—	—	—	—	—
—	—	—	—	—	15	7	3	2.15	1.65	1.27	0.97	0.75	0.54	0.38	0.25	0.14	—	—	—	—	—	—	—
—	—	—	—	—	—	15	7	1.65	1.27	0.97	0.75	0.54	0.38	0.25	0.14	—	—	—	—	—	—	—	—
—	—	—	—	—	—	—	15	1.27	0.97	0.75	0.54	0.38	0.25	0.14	—	—	—	—	—	—	—	—	—

加工性质 外圆纵车

注：加工条件改变时切削速度的修正系数见表 1.28。

表 1.11　用 YC6 硬质合金车刀车削灰铸铁时的切削速度

加工性质：外圆纵车

左侧 6 列为灰铸铁硬度 HBS 对应的切削深度 a_p (mm)；右侧各列为进给量 f (mm/r)，各列对应的切削速度 v_c (m/min) 见表头数值。

灰铸铁硬度 HBS，切削深度 a_p (mm)						进给量 f (mm/r)，切削速度 v_c (m/min)																
150~164	165~181	182~199	200~219	220~241	242~265	163	144	128	114	101	90	80	71	63	57	50	44	40	35	31	28	25
0.8	—	—	—	—	—	0.23	0.42	0.56	0.75	1.0	—	—	—	—	—	—	—	—	—	—	—	—
1.8	0.8	—	—	—	—	0.14	0.23	0.42	0.56	0.75	1.0	1.34	1.8	—	—	—	—	—	—	—	—	—
4	1.8	0.8	—	—	—	—	0.14	0.23	0.42	0.56	0.75	1.0	1.34	1.8	2.5	3.3	—	—	—	—	—	—
9	4	1.8	0.8	—	—	—	—	0.14	0.23	0.42	0.56	0.75	1.0	1.34	1.8	2.5	3.3	—	—	—	—	—
20	9	4	1.8	0.8	—	—	—	—	0.14	0.23	0.42	0.56	0.75	1.0	1.34	1.8	2.5	3.3	—	—	—	—
—	20	9	4	1.8	0.8	—	—	—	—	0.14	0.23	0.42	0.56	0.75	1.0	1.34	1.8	2.5	3.3	—	—	—
—	—	20	9	4	1.8	—	—	—	—	—	0.14	0.23	0.42	0.56	0.75	1.0	1.34	1.8	2.5	3.3	—	—
—	—	—	20	9	4	—	—	—	—	—	—	0.14	0.23	0.42	0.56	0.75	1.0	1.34	1.8	2.5	3.3	—
—	—	—	—	20	9	—	—	—	—	—	—	—	0.14	0.23	0.42	0.56	0.75	1.0	1.34	1.8	2.5	3.3
—	—	—	—	—	20	—	—	—	—	—	—	—	—	0.14	0.23	0.42	0.56	0.75	1.0	1.34	1.8	2.5

注：加工条件改变时切削速度的修正系数见表 1.28。

表 1.12　涂层硬质合金车刀的切削用量

加工材料		硬度 HBS	切削深度 a_p (mm)	进给量 f (mm/r)	切削速度 v_c (m/min)
碳钢	低碳	125~225	1	0.18	260~290
			4	0.40	170~190
			8	0.50	135~150
	中碳	175~275	1	0.18	220~240
			4	0.40	145~160
			8	0.50	115~125
	高碳	175~275	1	0.18	215~230
			4	0.40	145~150
			8	0.50	115~120
合金钢	低碳	125~225	1	0.18	220~235
			4	0.40	175~190
			8	0.50	135~145
	中碳	175~275	1	0.18	185~200
			4	0.40	135~160
			8	0.50	105~120
	高碳	175~275	1	0.18	175~190
			4	0.40	135~150
			8	0.50	105~120

加工材料		硬度 HBS	切削深度 a_p (mm)	进给量 f (mm/r)	切削速度 v_c (m/min)
高强度钢		225~350	1	0.18	150~185
			4	0.40	120~135
			8	0.50	90~105
高速钢		200~275	1	0.18	115~160
			4	0.40	90~130
			8	0.50	69~100
不锈钢	奥氏体	135~275	1	0.18	84~160
			4	0.40	76~135
			8	0.50	60~105
	马氏体	175~325	1	0.18	120~260
			4	0.40	100~170
			8	0.50	76~135
灰铸铁		160~260	1	0.18	130~190
			4	0.40	105~160
			8	0.50	84~130
可锻铸铁		160~240	1	0.25	185~235
			4	0.40	135~185
			8	0.50	105~145

表 1.13　陶瓷车刀的切削用量

加工材料		硬度 HBS	进给量 f (mm/r)	车 外 圆		镗 孔	
				切削深度 a_p (mm)	切削速度 v_c (m/min)	切削深度 a_p (mm)	切削速度 v_c (m/min)
碳钢	低碳	125~275	0.13	1	460~580	0.5	395~520
			0.25	4	320~425	3	260~365
			0.40	8	230~365	6	185~305
	中碳	175~325	0.13	1	395~520	0.5	335~460
			0.25	4	230~365	3	185~305
			0.40	8	135~275	6	105~230
		325~425	0.102	1	305~365	0.5	245~305
			0.20	4	170~215	3	135~170
			0.30	8	105~135	6	76~105
	高碳	175~325	0.13	1	395~520	0.5	335~460
			0.25	4	245~335	3	200~275
			0.40	8	150~245	6	120~200
		325~425	0.102	1	305~365	0.5	245~305
			0.20	4	170~215	3	135~170
			0.30	8	105~135	6	76~105
合金钢	低碳	125~325	0.13	1	395~580	0.5	335~520
			0.25	4	245~395	3	200~335
			0.40	8	185~335	6	135~275

（续）

加工材料		硬度 HBS	进给量 f (mm/r)	车外圆		镗孔	
				切削深度 a_p (mm)	切削速度 v_c (m/min)	切削深度 a_p (mm)	切削速度 v_c (m/min)
合金钢	低碳	325~425	0.102	1	305~365	0.5	245~305
			0.20	4	170~215	3	135~170
			0.30	8	105~135	6	76~105
	中碳	175~325	0.13	1	395~520	0.5	335~460
			0.25	4	235~360	3	185~295
			0.40	8	170~265	6	130~220
		325~425	0.102	1	305~365	0.5	245~305
			0.20	4	170~215	3	135~170
			0.30	8	105~135	6	76~105
		45~56HRC	0.075	1	120~275	0.5	90~230
			0.15	4	76~135	3	46~105
	高碳	175~325	0.13	1	395~520	0.5	335~460
			0.25	4	215~335	3	170~275
			0.40	8	150~245	6	120~200
		325~425	0.102	1	305~365	0.5	245~305
			0.20	4	170~215	3	135~170
			0.30	8	105~135	6	76~105
		45~56HRC	0.075	1	120~275	0.5	90~230
			0.15	4	76~135	3	46~105
高强度钢		225~350	0.13	1	380~440	0.5	320~380
			0.25	4	205~265	3	160~220
			0.40	8	145~205	6	115~160
		350~400	0.102	1	335	0.5	275
			0.20	4	190	3	145
			0.30	8	120	6	90
		43~52HRC	0.075	1	185~275	0.5	135~230
			0.15	4	105~135	3	76~105
		52~58HRC	0.075	1	90~150	0.5	60~120
			0.15	4	53~90	3	30~60
高速钢		200~275	0.13	1	420~460	0.5	360~395
			0.25	4	250~275	3	205~230
			0.40	8	190~215	6	145~170
不锈钢	奥氏体	135~275	0.13	1	365~425	0.5	305~365
			0.25	4	230~275	3	185~230
			0.40	8	135~185	6	105~135
		325~375	0.075	1	215	0.5	170
			0.15	4	120	3	90
			0.20	8	76	6	60

（续）

加工材料		硬度 HBS	进给量 f (mm/r)	车外圆		镗孔	
				切削深度 a_p (mm)	切削速度 v_c (m/min)	切削深度 a_p (mm)	切削速度 v_c (m/min)
不锈钢	马氏体	175～325	0.13	1	350～490	0.5	290～425
			0.25	4	185～335	3	135～275
			0.40	8	120～245	6	90～200
		375～425	0.102	1	275	0.5	230
			0.20	4	135	3	105
			0.30	8	76	6	60
		48～56HRC	0.075	1	120～200	0.5	90～150
			0.15	4	76～105	3	46～76
灰铸铁		120～220	0.25	1	460～610	0.5	395～520
			0.40	4	305～460	3	245～395
			0.50	8	215～365	6	170～305
		220～320	0.13	1	305～395	0.5	245～335
			0.25	4	185～245	3	135～200
			0.40	8	120～185	6	90～135
可锻铸铁		110～200	0.25	1	365～460	0.5	305～395
			0.40	4	290～365	3	245～305
			0.50	8	230～275	6	185～230
		200～240	0.13	1	305	0.5	245
			0.25	4	230	3	185
			0.40	8	150	6	120
白口铸铁		400 (退火)	0.075	1	120	0.5	90
			0.15	4	76	3	60
			0.23	8	53	6	38
		450～600HBW (铸造)	0.075	1	90	0.5	60
			0.15	4	60	3	46
			0.23	8	37	6	23

注：陶瓷刀具应选用强度较高的组合陶瓷。

表 1.14　立方氮化硼车刀的切削用量

组　别	加工材料		切削深度 a_p (mm)	进给量 f (mm/r)	切削速度 v_c (m/min)
A 组 (CBN 含量 40%～60%)	结构钢、合金钢、轴承钢、碳素工具钢，45～68HRC 合金工具钢 45～68HRC		～0.5	～0.2	60～140
			～0.5	～0.2	50～100
	冷硬铸铁轧辊可锻铸铁、铸锻钢等	50～75HS	～2.0	～1.0	70～150
		75～85HS	～2.0	～0.5	40～70
B 组 (CBN 含量 65%～95%)	高速钢 45～68HRC		～0.5	～0.2	40～100
	耐热合金	镍　基	～2.5	～0.15	～140
		钴　基	～2.5	～0.15	～140
		铁　基	～2.5	～0.15	～170
		其　它	～2.5	～0.15	～90
	硬质合金 铁系烧结合金		～1.0	～0.25	～30
			～2.5	～0.25	～150

表 1.15 金刚石车刀的切削用量

加工材料		硬度 HBS	切削深度 a_p (mm)	进给量 f (mm/r)	切削速度 v_c (m/min)	
					车外圆	镗孔
铝合金	锻轧	30~150	0.13~0.40	0.075~0.15	365~550	460
			0.40~1.25	0.15~0.30	245~365	305
			1.25~3.2	0.30~0.50	150~245	150
	铸造	40~100	0.13~0.40	0.075~0.15	915	760
			0.40~1.25	0.15~0.30	760	610
			1.25~3.2	0.30~0.50	460	305
镁合金		40~90	0.13~0.40	0.075~0.15	305~610	365
			0.40~1.25	0.15~0.30	150~305	245
			1.25~3.2	0.30~0.50	90~150	120
铜合金	锻轧	10~70HRB (退火)	0.13~0.40	0.075~0.15	460~1370	520~915
			0.40~1.25	0.15~0.30	245~760	275~520
			1.25~3.2	0.30~0.50	120~460	150~245
		60~100HRB (冷拉)	0.13~0.40	0.075~0.15	520~1460	670~1070
			0.40~1.25	0.15~0.30	305~855	365~670
			1.25~3.2	0.30~0.50	185~550	245~365
	铸造	40~150	0.13~0.40	0.075~0.15	305~1220	365~760
			0.40~1.25	0.15~0.30	150~610	215~460
			1.25~3.2	0.30~0.50	90~305	120~245
碳及石墨		40~100HS	0.13~0.40	0.075~0.15	915	610
玻璃及陶瓷		全部	0.13~0.40	0.075~0.15	760~1220	760
			0.40~1.25	0.15~0.30	460~760	460
			1.25~3.2	0.30~0.50	245~460	245
云母		全部	0.13~0.40	0.075~0.15	245~460	245
			0.40~1.25	0.15~0.30	150~245	185
			1.25~3.2	0.30~0.50	90~150	120
塑料		50~125RM	0.13~0.40	0.075~0.15	305~460	460
			0.40~1.25	0.15~0.30	150~305	245
			1.25~3.2	0.30~0.50	90~150	120
硬橡胶		60HS	0.13~0.40	0.075~0.15	610~760	550
			0.40~1.25	0.15~0.30	460~610	395
			1.25~3.2	0.30~0.50	305~460	245
碳纤维复合材料		—	0.13~0.40	0.075~0.15	200	200
			0.40~1.25	0.15~0.30	170	170
			1.25~3.2	0.30~0.50	135	135
玻璃纤维复合材料		—	0.13~0.40	0.075~0.15	200	200
			0.40~1.25	0.15~0.30	170	170
			1.25~3.2	0.30~0.50	135	135
硼纤维复合材料		—	0.13~0.40	0.075~0.15	170	185
			0.40~1.25	0.15~0.30	135	150
			1.25~3.2	0.30~0.50	120	120
金、银		全部	0.13~0.40	0.075~0.15	1525~2135	1220
			0.40~1.25	0.15~0.30	760~1525	610
			1.25~3.2	0.30~0.50	305~610	230
铂		全部	0.13~0.40	0.075~0.15	915~1065	760
			0.40~1.25	0.15~0.30	610~915	460
			1.25~3.2	0.30~0.50	305~610	245

表 1.16　用高速钢螺纹车刀车削普通及梯形螺纹时的走刀次数

螺　距 (mm)	碳素结构钢		合金结构钢及钢铸件		铸铁、青铜、黄铜	
	走　刀　次　数　 i					
	粗加工	精加工	粗加工	精加工	粗加工	精加工
单头普通外螺纹						
1.25～1.5	4	2	5	3	4	2
1.75	5	3	6	4	5	3
2～3	6	3	7	4	6	3
3.5～4.5	7	4	9	5	6	3
5～5.5	8	4	10	5	6	4
6	9	4	12	5	6	4
单头梯形外螺纹						
4	10	7	12	8	8	6
6	12	9	14	10	9	7
8	14	9	17	10	11	7
10	18	10	22	12	14	8
12	21	10	25	12	17	8
16	28	10	33	12	22	8
20	35	10	42	12	28	8

注：1. 上述走刀次数适用于切削 7 级精度普通螺纹及中等精度梯形螺纹。车削 6 级精度普通螺纹及精确梯形螺纹时，需在切削速度为 4m/min 时增加 2～3 次精走刀。

2. 在切削多头螺纹时，每一头增加 1～2 次走刀。

3. 在切削内螺纹时，粗加工需增加走刀次数 20%～25%。加工普通螺纹时需增加 1 次精走刀；加工梯形螺纹时需增加 1 次精走刀（当螺距小于或等于 8mm）或 2 次精走刀（当螺距大于 8mm）。

表 1.17　用硬质合金螺纹车刀车削普通及梯形螺纹时的走刀次数

螺　距 P (mm)	碳素结构钢、合金结构钢				铸　铁			
	螺　纹　类　型							
	普通外螺纹		梯形外螺纹		普通外螺纹		梯形外螺纹	
	走　刀　次　数　 i							
	粗加工	精加工	粗加工	精加工	粗加工	精加工	粗加工	精加工
1.5	3	2	—	—	—	—	—	—
2	3	2	—	—	2	2	—	—
3	5	2	5	3	3	2	4	3
4	6	2	6	3	4	2	5	3
5	7	2	7	4	4	2	6	3
6	8	2	8	4	5	2	7	4
8	—	—	10	5	—	—	9	4
10	—	—	12	5	—	—	10	5
12	—	—	14	6	—	—	12	5
16	—	—	18	6	—	—	14	5

注：1. 上述走刀次数适用于切削 7 级精度普通螺纹。车削 6 级精度螺纹时，需增加 1～2 次精走刀。车削 5 级精度螺纹时，需增加 2～3 次精走刀。

2. 切削普通内螺纹时，需增加 1 次粗走刀。

3. 在不锈钢 1Cr18Ni9Ti 上车削普通螺纹时，走刀次数要增加 30%；加工淬硬钢螺纹时，则要增加 1～2 倍。

表 1.18　高速钢及硬质合金车刀车削不同材料螺纹的切削用量

加 工 材 料	硬 度 HBS	螺纹直径 （mm）	每一走刀的横向进给（mm）		切削速度 （m/min）		备　注
			第一次走刀	最后一次走刀	高速钢车刀	硬质合金车刀	
易切碳钢、碳钢、碳钢铸件、合金钢、合金钢铸件、高强度钢、马氏体时效钢、工具钢、工具钢铸件	100～225	≤25 >25	0.50 0.50	0.013 0.013	12～15 12～15	18～60 60～90	
	225～375	≤25 >25	0.40 0.40	0.025 0.025	9～12 12～15	15～46 30～60	
	375～535 HBW	≤25 >25	0.25 0.25	0.05 0.05	1.5～4.5 4.5～7.5	12～30 24～40	
易切不锈钢、不锈钢、不锈钢铸件	135～440	≤25 >25	0.40 0.40	0.025 0.025	2～6 3～8	20～30 24～37	高速钢车刀使用 W12Cr4V5Co5 及 W2Mo9Cr4VCo8 等含钴高速钢
灰铸铁	100～320	≤25 >25	0.40 0.40	0.013 0.013	8～15 10～18	26～43 49～73	
可锻铸铁	100～400	≤25 >25	0.40 0.40	0.013 0.013	8～15 10～18	26～43 49～73	
铝合金及其铸件 镁合金及其铸件	30～150	≤25 >25	0.50 0.50	0.025 0.025	25～45 45～60	30～60 60～90	
钛合金及其铸件	110～440	≤25 >25	0.50 0.50	0.013 0.013	1.8～3 2～3.5	12～20 17～26	使用 W12Cr4V5Co5 及 W2Mo9Cr4VCo8 等高速钢
铜合金及其铸件	40～200	≤25 >25	0.25 0.25	0.025 0.025	9～30 15～45	30～60 60～90	
镍合金及其铸件	80～360	≤25 >25	0.40 0.40	0.025 0.025	6～8 7～9	12～30 14～52	使用 W12Cr4V5Co5 及 W2Mo9Cr4VCo8 等含钴高速钢
高温合金及其铸件	140～230	≤25 >25	0.25 0.25	0.025 0.025	1～4 1～6	20～26 24～29	
	230～400	≤25 >25	0.25 0.25	0.025 0.025	0.5～2 1～3.5	14～21 15～23	

表 1.19　硬质合金车刀加工时的主切削力

进给量 f (mm/r) 与 切削深度 a_p (mm)

加工材料 铸铁硬度 HBS 160~245	钢 σ_b(MPa) <580	580~970	>970	a_p (mm) →（切削深度）																					
0.30	0.30	0.37	—	2.8	3.4	4.0	4.8	5.7	6.8	8.0	9.7	11.5	14	16.5	20	—	—	—	—	—	—	—	—	—	—
0.37	0.37	0.47	0.30	2.4	2.8	3.4	4.0	4.8	5.7	6.8	8.0	9.7	11.5	14	16.5	20	—	—	—	—	—	—	—	—	—
0.47	0.47	0.60	0.37	2.0	2.4	2.8	3.4	4.0	4.8	5.7	6.8	8.0	9.7	11.5	14	16.5	20	—	—	—	—	—	—	—	—
0.60	0.60	0.75	0.47	—	2.0	2.4	2.8	3.4	4.0	4.8	5.7	6.8	8.0	9.7	11.5	14	16.5	20	—	—	—	—	—	—	—
0.75	0.75	0.96	0.60	—	—	2.0	2.4	2.8	3.4	4.0	4.8	5.7	6.8	8.0	9.7	11.5	14	16.5	20	—	—	—	—	—	—
0.96	0.96	1.2	0.75	—	—	—	2.0	2.4	2.8	3.4	4.0	4.8	5.7	6.8	8.0	9.7	11.5	14	16.5	20	—	—	—	—	—
1.2	1.2	1.5	0.96	—	—	—	—	2.0	2.4	2.8	3.4	4.0	4.8	5.7	6.8	8.0	9.7	11.5	14	16.5	20	—	—	—	—
1.5	1.5	1.9	1.2	—	—	—	—	—	2.0	2.4	2.8	3.4	4.0	4.8	5.7	6.8	8.0	9.7	11.5	14	16.5	20	—	—	—
1.9	1.9	2.5	1.5	—	—	—	—	—	—	2.0	2.4	2.8	3.4	4.0	4.8	5.7	6.8	8.0	9.7	11.5	14	16.5	20	—	—
2.5	2.5	—	1.9	—	—	—	—	—	—	—	2.0	2.4	2.8	3.4	4.0	4.8	5.7	6.8	8.0	9.7	11.5	14	16.5	20	—
—	—	—	2.5	—	—	—	—	—	—	—	—	2.0	2.4	2.8	3.4	4.0	4.8	5.7	6.8	8.0	9.7	11.5	14	16.5	20

主切削力 F_c (N)

	切削速度 v_c (m/min)	F_c (N) →																					
钢	31	1640	1960	2350	2790	3330	3970	4750	5690	6770	8040	9610	11470	13730	16380	19620	23540	27960	33350	39730	47580	56900	67690
	55	1500	1780	2110	2550	3040	3630	4310	5200	6180	7450	8830	10490	12550	15010	17850	21090	25500	30410	36290	43160	51990	61800
	100	1370	1640	1960	2350	2790	3330	3970	4750	5690	6770	8040	9610	11470	13730	16380	19620	23540	27960	33350	39730	47580	56900
	180	1250	1470	1780	2110	2550	3040	3630	4310	5200	6180	7450	8830	10490	12550	15010	17850	21090	25500	30410	36290	43160	51990
	325	1140	1370	1640	1960	2350	2790	3330	3970	4750	5690	6770	8040	9610	11470	13730	16380	19620	23540	27960	33350	39730	47580
	590	1050	1250	1470	1780	2110	2550	3040	3630	4310	5200	6180	7450	8830	10490	12550	15010	17850	21600	25500	30410	36290	43160
灰铸铁		840	1000	1190	1420	1700	2010	2400	2890	3430	4120	4900	5880	7060	8430	10000	11970	14220	17070	20110	24030	28940	34820

注：车刀前角及主偏角改变时，主切削力的修正系数 $k_{\gamma oFc}$ 及 $k_{\kappa rFc}$，见表 1.29-2 或表 1.28。

表 1.20 硬质合金车刀车削钢料时的径向切削力

钢 σb (MPa) — 切削深度 a_p (mm)

540~610	620~690	700~800	810~910	920~1050
3.8	—	—	—	—
4.6	3.8	—	—	—
5.6	4.6	3.8	—	—
6.9	5.6	4.6	3.8	—
8.4	6.9	5.6	4.6	3.8
10.0	8.4	6.9	5.6	4.6
12.5	10.0	8.4	6.9	5.6
15	12.5	10.0	8.4	6.9
18	15	12.5	10.0	8.4
22	18	15	12.5	10.0
—	22	18	15	12.5
—	—	22	18	15
—	—	—	22	18
—	—	—	—	22

进给量 f (mm/r)（各行对应上表同一行的 a_p，数值为可用进给量）

1	2	3	4	5	6	7	8	9	10	11	12	13	14	15	16	17	18	19	20	21	22	23
0.22	0.3	0.41	0.55	0.75	1.0	1.3	1.8	2.4	3.3	—	—	—	—	—	—	—	—	—	—	—	—	—
—	0.22	0.3	0.41	0.55	0.75	1.0	1.3	1.8	2.4	3.3	—	—	—	—	—	—	—	—	—	—	—	—
—	—	0.22	0.3	0.41	0.55	0.75	1.0	1.3	1.8	2.4	3.3	—	—	—	—	—	—	—	—	—	—	—
—	—	—	0.22	0.3	0.41	0.55	0.75	1.0	1.3	1.8	2.4	3.3	—	—	—	—	—	—	—	—	—	—
—	—	—	—	0.22	0.3	0.41	0.55	0.75	1.0	1.3	1.8	2.4	3.3	—	—	—	—	—	—	—	—	—
—	—	—	—	—	0.22	0.3	0.41	0.55	0.75	1.0	1.3	1.8	2.4	3.3	—	—	—	—	—	—	—	—
—	—	—	—	—	—	0.22	0.3	0.41	0.55	0.75	1.0	1.3	1.8	2.4	3.3	—	—	—	—	—	—	—
—	—	—	—	—	—	—	0.22	0.3	0.41	0.55	0.75	1.0	1.3	1.8	2.4	3.3	—	—	—	—	—	—
—	—	—	—	—	—	—	—	0.22	0.3	0.41	0.55	0.75	1.0	1.3	1.8	2.4	3.3	—	—	—	—	—
—	—	—	—	—	—	—	—	—	0.22	0.3	0.41	0.55	0.75	1.0	1.3	1.8	2.4	3.3	—	—	—	—
—	—	—	—	—	—	—	—	—	—	0.22	0.3	0.41	0.55	0.75	1.0	1.3	1.8	2.4	3.3	—	—	—
—	—	—	—	—	—	—	—	—	—	—	0.22	0.3	0.41	0.55	0.75	1.0	1.3	1.8	2.4	3.3	—	—
—	—	—	—	—	—	—	—	—	—	—	—	0.22	0.3	0.41	0.55	0.75	1.0	1.3	1.8	2.4	3.3	—
—	—	—	—	—	—	—	—	—	—	—	—	—	0.22	0.3	0.41	0.55	0.75	1.0	1.3	1.8	2.4	3.3

径向切削力 F_p (N) 主偏角 $\kappa_r = 45°$

切削速度 v_c (m/min)	1	2	3	4	5	6	7	8	9	10	11	12	13	14	15	16	17	18	19	20	21	22	23
55	580	690	825	985	1170	1390	1670	2010	2350	2840	3380	4070	4860	5790	6870	8240	9810	11670	13930	16680	20110	23540	28450
100	490	580	690	825	985	1170	1390	1670	2010	2350	2840	3380	4070	4860	5790	6870	8240	9810	11670	13930	16680	20110	23540
180	415	490	580	690	825	985	1170	1390	1670	2010	2350	2840	3380	4070	4860	5790	6870	8240	9810	11670	13930	16680	20110
325	345	415	490	580	690	825	985	1170	1390	1670	2010	2350	2840	3380	4070	4860	5790	6870	8240	9810	11670	13930	16680

注：车刀前角、主偏角及刀倾角改变时，径向切削力的修正系数 $k_{\gamma oFp}$、$k_{\kappa rFp}$ 及 $k_{\lambda sFp}$ 见表 1.29-2。

表 1.21　硬质合金车刀车削钢料时的进给力

钢 (MPa)					进给量 f (mm/r)																						
460～560	570～670	680～810	820～970	980～1110																							
切削深度 a_p (mm)																											
2.0	—	—	—	—	0.26	0.36	0.53	0.75	1.8	4.4	—	—	—	—	—	—	—	—	—	—	—	—	—	—	—	—	—
2.4	2.0	—	—	—	—	0.26	0.36	0.53	0.75	1.8	4.4	—	—	—	—	—	—	—	—	—	—	—	—	—	—	—	—
2.8	2.4	2.0	—	—	—	—	0.26	0.36	0.53	0.75	1.8	4.4	—	—	—	—	—	—	—	—	—	—	—	—	—	—	—
3.4	2.8	2.4	2.0	—	—	—	—	0.26	0.36	0.53	0.75	1.8	4.4	—	—	—	—	—	—	—	—	—	—	—	—	—	—
4.0	3.4	2.8	2.4	2.0	—	—	—	—	0.26	0.36	0.53	0.75	1.8	4.4	—	—	—	—	—	—	—	—	—	—	—	—	—
4.8	4.0	3.4	2.8	2.4	—	—	—	—	—	0.26	0.36	0.53	0.75	1.8	4.4	—	—	—	—	—	—	—	—	—	—	—	—
5.7	4.8	4.0	3.4	2.8	—	—	—	—	—	—	0.26	0.36	0.53	0.75	1.8	4.4	—	—	—	—	—	—	—	—	—	—	—
6.8	5.7	4.8	4.0	3.4	—	—	—	—	—	—	—	0.26	0.36	0.53	0.75	1.8	4.4	—	—	—	—	—	—	—	—	—	—
8.0	6.8	5.7	4.8	4.0	—	—	—	—	—	—	—	—	0.26	0.36	0.53	0.75	1.8	4.4	—	—	—	—	—	—	—	—	—
9.7	8.0	6.8	5.7	4.8	—	—	—	—	—	—	—	—	—	0.26	0.36	0.53	0.75	1.8	4.4	—	—	—	—	—	—	—	—
11.5	9.7	8.0	6.8	5.7	—	—	—	—	—	—	—	—	—	—	0.26	0.36	0.53	0.75	1.8	4.4	—	—	—	—	—	—	—
14	11.5	9.7	8.0	6.8	—	—	—	—	—	—	—	—	—	—	—	0.26	0.36	0.53	0.75	1.8	4.4	—	—	—	—	—	—
16.5	14	11.5	9.7	8.0	—	—	—	—	—	—	—	—	—	—	—	—	0.26	0.36	0.53	0.75	1.8	4.4	—	—	—	—	—
20	16.5	14	11.5	9.7	—	—	—	—	—	—	—	—	—	—	—	—	—	0.26	0.36	0.53	0.75	1.8	4.4	—	—	—	—
—	20	16.5	14	11.5	—	—	—	—	—	—	—	—	—	—	—	—	—	—	0.26	0.36	0.53	0.75	1.8	4.4	—	—	—
—	—	20	16.5	14	—	—	—	—	—	—	—	—	—	—	—	—	—	—	—	0.26	0.36	0.53	0.75	1.8	4.4	—	—
—	—	—	20	16.5	—	—	—	—	—	—	—	—	—	—	—	—	—	—	—	—	0.26	0.36	0.53	0.75	1.8	4.4	—
—	—	—	—	20	—	—	—	—	—	—	—	—	—	—	—	—	—	—	—	—	—	0.26	0.36	0.53	0.75	1.8	4.4
进给力 F_f (N)																											
主偏角	$\kappa_r=45°$	切削速度 v_c (m/min)		40	445	530	630	760	905	1070	1280	1530	1820	2160	2600	3090	3730	4410	5300	6280	7550	9030	10690	12750	15300	18250	21580
				65	375	445	530	630	760	905	1070	1280	1530	1820	2160	2600	3090	3730	4410	5300	6280	7550	9030	10690	12750	15300	18250
				100	315	375	445	530	630	760	905	1070	1280	1530	1820	2160	2600	3090	2730	4410	5300	6280	7550	9030	10690	12750	15300
				155	265	315	375	445	530	630	760	905	1070	1280	1530	1820	2160	2600	3090	2730	4410	5300	6280	7550	9030	10690	12750
				242	215	265	315	375	445	530	630	760	905	1070	1280	1530	1820	2160	2600	3090	2730	4410	5300	6280	7550	9030	10690

注：车刀前角、主偏角及刃倾角改变时，进给力的修正系数 $k_{\gamma oFf}$、$k_{\kappa rFf}$及 $k_{\lambda sFf}$见表 1.29-2。

表 1.22　硬质合金车刀车削灰铸铁时的径向切削力

灰铸铁硬度 HBS 切削深度 a_p (mm) 140~173	174~207	208~248	进给量 f (mm/r)																						
3.8	3.2	—	0.3	0.37	0.47	0.6	0.75	0.96	1.2	1.5	1.9	2.5	3.1	3.9	—	—	—	—	—	—	—	—	—	—	—
4.6	3.8	3.2	—	0.3	0.37	0.47	0.6	0.75	0.96	1.2	1.5	1.9	2.5	3.1	3.9	—	—	—	—	—	—	—	—	—	—
5.6	4.6	3.8	—	—	0.3	0.37	0.47	0.6	0.75	0.96	1.2	1.5	1.9	2.5	3.1	3.9	—	—	—	—	—	—	—	—	—
6.9	5.6	4.6	—	—	—	0.3	0.37	0.47	0.6	0.75	0.96	1.2	1.5	1.9	2.5	3.1	3.9	—	—	—	—	—	—	—	—
8.4	6.9	5.6	—	—	—	—	0.3	0.37	0.47	0.6	0.75	0.96	1.2	1.5	1.9	2.5	3.1	3.9	—	—	—	—	—	—	—
10.0	8.4	6.9	—	—	—	—	—	0.3	0.37	0.47	0.6	0.75	0.96	1.2	1.5	1.9	2.5	3.1	3.9	—	—	—	—	—	—
12.5	10.0	8.4	—	—	—	—	—	—	0.3	0.37	0.47	0.6	0.75	0.96	1.2	1.5	1.9	2.5	3.1	3.9	—	—	—	—	—
15	12.5	10.0	—	—	—	—	—	—	—	0.3	0.37	0.47	0.6	0.75	0.96	1.2	1.5	1.9	2.5	3.1	3.9	—	—	—	—
18	15	12.5	—	—	—	—	—	—	—	—	0.3	0.37	0.47	0.6	0.75	0.96	1.2	1.5	1.9	2.5	3.1	3.9	—	—	—
22	18	15	—	—	—	—	—	—	—	—	—	0.3	0.37	0.47	0.6	0.75	0.96	1.2	1.5	1.9	2.5	3.1	3.9	—	—
—	22	18	—	—	—	—	—	—	—	—	—	—	0.3	0.37	0.47	0.6	0.75	0.96	1.2	1.5	1.9	2.5	3.1	3.9	—
—	—	22	—	—	—	—	—	—	—	—	—	—	—	0.3	0.37	0.47	0.6	0.75	0.96	1.2	1.5	1.9	2.5	3.1	3.9
径向切削力 F_p (N)			490	590	700	830	990	1180	1410	1690	2010	2400	2840	3430	4120	4910	5890	6970	8340	9910	11770	14130	16870	20110	24030

注：车刀前角、主偏角及刃倾角改变时，径向切削力的修正系数 $k_{\gamma oFp}$、$k_{\kappa rFp}$ 及 $k_{\lambda sFp}$ 见表 1.29-2。

主偏角 $\kappa_r = 45°$

表 1.23　硬质合金车刀车削灰铸铁时的进给力

灰铸铁硬度 HBS			进给量 f (mm/r)																				
<170	170~212	>212																				
切削深度 a_p (mm)																						
2.8	—	—	0.3	0.48	0.75	1.2	1.8	2.8	4.4	—	—	—	—	—	—	—	—	—	—	—	—	—
3.4	2.8	—	—	0.3	0.48	0.75	1.2	1.8	2.8	4.4	—	—	—	—	—	—	—	—	—	—	—
4.0	3.4	2.8	—	—	0.3	0.48	0.75	1.2	1.8	2.8	4.4	—	—	—	—	—	—	—	—	—
4.8	4.0	3.4	—	—	—	0.3	0.48	0.75	1.2	1.8	2.8	4.4	—	—	—	—	—	—	—	—
5.7	4.8	4.0	—	—	—	—	0.3	0.48	0.75	1.2	1.8	2.8	4.4	—	—	—	—	—	—	—
6.8	5.7	4.8	—	—	—	—	—	0.3	0.48	0.75	1.2	1.8	2.8	4.4	—	—	—	—	—	—
8.0	6.8	5.7	—	—	—	—	—	—	0.3	0.48	0.75	1.2	1.8	2.8	4.4	—	—	—	—	—
9.7	8.0	6.8	—	—	—	—	—	—	—	0.3	0.48	0.75	1.2	1.8	2.8	4.4	—	—	—	—
11.5	9.7	8.0	—	—	—	—	—	—	—	—	0.3	0.48	0.75	1.2	1.8	2.8	4.4	—	—	—
14	11.5	9.7	—	—	—	—	—	—	—	—	—	0.3	0.48	0.75	1.2	1.8	2.8	4.4	—	—
16.5	14	11.5	—	—	—	—	—	—	—	—	—	—	0.3	0.48	0.75	1.2	1.8	2.8	4.4	—
20	16.5	14	—	—	—	—	—	—	—	—	—	—	—	0.3	0.48	0.75	1.2	1.8	2.8	4.4
—	20	16.5	—	—	—	—	—	—	—	—	—	—	—	—	0.3	0.48	0.75	1.2	1.8	2.8
—	—	20	—	—	—	—	—	—	—	—	—	—	—	—	—	0.3	0.48	0.75	1.2	1.8
主偏角 κ_r＝45°		进给力 F_f (N)	560	670	800	950	1140	1350	1620	1930	2310	2750	3290	3920	4710	5590	6670	8040	9520	11380	13540	16190

注：车刀前角、主偏角及刃倾角改变时，进给力的修正系数 $k_{\gamma_0 Ff}$、$k_{\kappa_r Ff}$ 及 $k_{\lambda Ff}$ 见表 1.29-2。

表1.24 硬质合金车刀车削钢料时消耗的功率

钢 σ_b (MPa) / HBS 与切削深度 a_p (mm)：

σ_b<580 (HBS<165)	σ_b 580~970 (HBS 166~277)	σ_b>970 (HBS>277)	切削深度 a_p (mm)
2.0	—	—	2.0
2.4	2.0	—	2.4
2.8	2.4	2.0	2.8
3.4	2.8	2.4	3.4
4.0	3.4	2.8	4.0
4.8	4.0	3.4	4.8
5.7	4.8	4.0	5.7
6.8	5.7	4.8	6.8
8.0	6.8	5.7	8.0
9.7	8.0	6.8	9.7
11.5	9.7	8.0	11.5
14.0	11.5	9.7	14.0
16.5	14	11.5	16.5
20	16.5	14	20
—	20	16.5	—
—	—	20	—

进给量 f (mm/r)

各切削深度 a_p 行对应的进给量 f（mm/r）阶梯分布：

a_p	\	\	\	\	\	\	\	\	\	\	\	\
2.0	—	—	—	—	—	—	—	—	—	—	—	3.1
2.4	—	—	—	—	—	—	—	—	—	—	2.5	3.1
2.8	—	—	—	—	—	—	—	—	—	1.9	2.5	3.1
3.4	—	—	—	—	—	—	—	—	1.5	1.9	2.5	3.1
4.0	—	—	—	—	—	—	—	1.2	1.5	1.9	2.5	3.1
4.8	—	—	—	—	—	—	0.96	1.2	1.5	1.9	2.5	3.1
5.7	—	—	—	—	—	0.75	0.96	1.2	1.5	1.9	2.5	3.1
6.8	—	—	—	—	0.6	0.75	0.96	1.2	1.5	1.9	2.5	3.1
8.0	—	—	—	0.47	0.6	0.75	0.96	1.2	1.5	1.9	2.5	3.1
9.7	—	—	0.37	0.47	0.6	0.75	0.96	1.2	1.5	1.9	2.5	3.1
11.5	—	0.3	0.37	0.47	0.6	0.75	0.96	1.2	1.5	1.9	2.5	3.1
14.0	0.25	0.3	0.37	0.47	0.6	0.75	0.96	1.2	1.5	1.9	2.5	3.1
16.5	0.25	0.3	0.37	0.47	0.6	0.75	0.96	1.2	1.5	1.9	2.5	—
20	0.25	0.3	0.37	0.47	0.6	0.75	0.96	1.2	1.5	1.9	—	—
—	0.25	0.3	0.37	0.47	0.6	0.75	0.96	1.2	1.5	—	—	—
—	0.25	0.3	0.37	0.47	0.6	0.75	0.96	1.2	—	—	—	—

切削功率 P_c (kW)

切削速度 v_c (m/min) 各行对应的切削功率 P_c（kW）阶梯分布：

v_c												
16	3.4	4.1	4.9	5.8	7.0	8.0	10	12	14	17	20	24
20	4.1	4.9	5.8	7.0	8.0	10	12	14	17	20	24	29
24	4.9	5.8	7.0	8.0	10	12	14	17	20	24	29	34
30	5.8	7.0	8.0	10	12	14	17	20	24	29	34	—
37	7.0	8.0	10	12	14	17	20	24	29	34	—	—
46	8.0	10	12	14	17	20	24	29	34	—	—	—
57	10	12	14	17	20	24	29	34	—	—	—	—
70	12	14	17	20	24	29	34	—	—	—	—	—
86	14	17	20	24	29	34	—	—	—	—	—	—
106	17	20	24	29	34	—	—	—	—	—	—	—
131	20	24	29	34	—	—	—	—	—	—	—	—
162	24	29	34	—	—	—	—	—	—	—	—	—
200	29	34	—	—	—	—	—	—	—	—	—	—
245	34	—	—	—	—	—	—	—	—	—	—	—
300	—	—	—	—	—	—	—	—	—	—	—	—
370	—	—	—	—	—	—	—	—	—	—	—	—
460	—	—	—	—	—	—	—	—	—	—	—	—
570	—	—	—	—	—	—	—	—	—	—	—	—

注：车刀前角及主偏角改变时，切削功率的修正系数与主切削力的修正系数相同，即 $k_{\gamma_o P_c} = k_{\gamma_o F_c}$，$k_{\kappa_r P_c}$ 见表 1.29-2。

表 1.25 硬质合金车刀车削灰铸铁时消耗的功率

灰铸铁 160~245HBS — 进给量 f (mm/r)

切削深度 a_p (mm)	1	2	3	4	5	6	7	8	9	10	11	12	13	14	15	16	17	18	19	20	21	22	23	24	25	26
2.8	0.25	0.3	0.37	0.47	0.6	0.75	0.96	1.2	1.5	1.9	2.5	3.1	3.9	5.0	6.3	—	—	—	—	—	—	—	—	—	—	—
3.4	—	0.25	0.3	0.37	0.47	0.6	0.75	0.96	1.2	1.5	1.9	2.5	3.1	3.9	5.0	6.3	—	—	—	—	—	—	—	—	—	—
4.0	—	—	0.25	0.3	0.37	0.47	0.6	0.75	0.96	1.2	1.5	1.9	2.5	3.1	3.9	5.0	6.3	—	—	—	—	—	—	—	—	—
4.8	—	—	—	0.25	0.3	0.37	0.47	0.6	0.75	0.96	1.2	1.5	1.9	2.5	3.1	3.9	5.0	6.3	—	—	—	—	—	—	—	—
5.7	—	—	—	—	0.25	0.3	0.37	0.47	0.6	0.75	0.96	1.2	1.5	1.9	2.5	3.1	3.9	5.0	6.3	—	—	—	—	—	—	—
6.8	—	—	—	—	—	0.25	0.3	0.37	0.47	0.6	0.75	0.96	1.2	1.5	1.9	2.5	3.1	3.9	5.0	6.3	—	—	—	—	—	—
8.0	—	—	—	—	—	—	0.25	0.3	0.37	0.47	0.6	0.75	0.96	1.2	1.5	1.9	2.5	3.1	3.9	5.0	6.3	—	—	—	—	—
9.7	—	—	—	—	—	—	—	0.25	0.3	0.37	0.47	0.6	0.75	0.96	1.2	1.5	1.9	2.5	3.1	3.9	5.0	6.3	—	—	—	—
11.5	—	—	—	—	—	—	—	—	0.25	0.3	0.37	0.47	0.6	0.75	0.96	1.2	1.5	1.9	2.5	3.1	3.9	5.0	6.3	—	—	—
14	—	—	—	—	—	—	—	—	—	0.25	0.3	0.37	0.47	0.6	0.75	0.96	1.2	1.5	1.9	2.5	3.1	3.9	5.0	6.3	—	—
16.5	—	—	—	—	—	—	—	—	—	—	0.25	0.3	0.37	0.47	0.6	0.75	0.96	1.2	1.5	1.9	2.5	3.1	3.9	5.0	6.3	—
20	—	—	—	—	—	—	—	—	—	—	—	0.25	0.3	0.37	0.47	0.6	0.75	0.96	1.2	1.5	1.9	2.5	3.1	3.9	5.0	6.3

切削速度 v_c (m/min) — 切削功率 P_c (kW)

v_c (m/min)	1	2	3	4	5	6	7	8	9	10	11	12	13	14	15	16	17	18	19	20	21	22	23	24	25	26
14	—	—	—	—	—	—	—	—	—	—	1.0	1.2	1.4	1.7	2.0	2.4	2.9	3.4	4.1	4.9	5.8	7.0	8.3	10	12	14
17	—	—	—	—	—	—	—	—	—	1.0	1.2	1.4	1.7	2.0	2.4	2.9	3.4	4.1	4.9	5.8	7.0	8.3	10	12	14	17
20	—	—	—	—	—	—	—	—	1.0	1.2	1.4	1.7	2.0	2.4	2.9	3.4	4.1	4.9	5.8	7.0	8.3	10	12	14	17	20
24	—	—	—	—	—	—	—	1.0	1.2	1.4	1.7	2.0	2.4	2.9	3.4	4.1	4.9	5.8	7.0	8.3	10	12	14	17	20	24
29	—	—	—	—	—	—	1.0	1.2	1.4	1.7	2.0	2.4	2.9	3.4	4.1	4.9	5.8	7.0	8.3	10	12	14	17	20	24	29
35	—	—	—	—	—	1.0	1.2	1.4	1.7	2.0	2.4	2.9	3.4	4.1	4.9	5.8	7.0	8.3	10	12	14	17	20	24	29	34
41	—	—	—	—	1.0	1.2	1.4	1.7	2.0	2.4	2.9	3.4	4.1	4.9	5.8	7.0	8.3	10	12	14	17	20	24	29	34	—
49	—	—	—	1.0	1.2	1.4	1.7	2.0	2.4	2.9	3.4	4.1	4.9	5.8	7.0	8.3	10	12	14	17	20	24	29	34	—	—
59	—	—	1.0	1.2	1.4	1.7	2.0	2.4	2.9	3.4	4.1	4.9	5.8	7.0	8.3	10	12	14	17	20	24	29	34	—	—	—
70	—	1.0	1.2	1.4	1.7	2.0	2.4	2.9	3.4	4.1	4.9	5.8	7.0	8.3	10	12	14	17	20	24	29	34	—	—	—	—
84	1.0	1.2	1.4	1.7	2.0	2.4	2.9	3.4	4.1	4.9	5.8	7.0	8.3	10	12	14	17	20	24	29	34	—	—	—	—	—
100	1.2	1.4	1.7	2.0	2.4	2.9	3.4	4.1	4.9	5.8	7.0	8.3	10	12	14	17	20	24	29	34	—	—	—	—	—	—
120	1.4	1.7	2.0	2.4	2.9	3.4	4.1	4.9	5.8	7.0	8.3	10	12	14	17	20	24	29	34	—	—	—	—	—	—	—
142	1.7	2.0	2.4	2.9	3.4	4.1	4.9	5.8	7.0	8.3	10	12	14	17	20	24	29	34	—	—	—	—	—	—	—	—
170	2.0	2.4	2.9	3.4	4.1	4.9	5.8	7.0	8.3	10	12	14	17	20	24	29	34	—	—	—	—	—	—	—	—	—
200	2.4	2.9	3.4	4.1	4.9	5.8	7.0	8.3	10	12	14	17	20	24	29	34	—	—	—	—	—	—	—	—	—	—
240	2.9	3.4	4.1	4.9	5.8	7.0	8.3	10	12	14	17	20	24	29	34	—	—	—	—	—	—	—	—	—	—	—
290	3.4	4.1	4.9	5.8	7.0	8.3	10	12	14	17	20	24	29	34	—	—	—	—	—	—	—	—	—	—	—	—

注：车刀主偏角改变时，切削功率的修正系数与主切削力的修正系数相同，即 $k_{\kappa r Pc} = k_{\kappa r Fc}$，见表 1.29-2。

表 1.26　车削时的入切量及超切量

车刀类型	主偏角 κ_r (°)	切 削 深 度 a_p (mm)											
		1	2	3	4	6	8	10	15	20	25	30	35
		入切量及超切量 $y+\Delta$ (mm)											
外圆车刀	30	2.8	4.5	7.0	9.0	13	16	20	30	39	47	56	65
	45	2.0	3.5	5.0	6.0	8.0	11	13	18	24	29	34	39
	60	1.6	2.7	3.8	4.3	5.5	7.6	8.7	10.6	15.5	18.5	21.5	24
	75	1.3	2.1	2.8	3.1	3.6	5.1	5.7	8.0	9.4	10.7	11.1	13.4
端面车刀	10	7.0	12.5	19.0	—								
	90	1.0			2.0								

四、车削用量的计算公式

表 1.27　车削时切削速度的计算公式

计　算　公　式

$$v_c = \frac{C_V}{T^m a_p{}^{x_V} f^{y_V}} k_v \qquad (v_c \text{ 的单位：m/min})$$

公式中的系数及指数

加工材料	加工型式	刀具材料	进 给 量	系数及指数			
				C_v	x_v	y_v	m
碳素结构钢 $\sigma_b = 650\text{MPa}$	外圆纵车 ($\kappa'_r > 0°$)	YT15（不用切削液）	$f \leqslant 0.30$ $f \leqslant 0.70$ $f > 0.70$	291 242 235	0.15	0.20 0.35 0.45	0.20
		高速钢（用切削液）	$f \leqslant 0.25$ $f > 0.25$	67.2 43	0.25	0.33 0.66	0.125
	外圆纵车 ($\kappa'_r = 0°$)	YT15（不用切削液）	$f \geqslant a_p$ $f < a_p$	198	0.30 0.15	0.15 0.30	0.18
	切断及切槽	YT5（不用切削液）	—	38	—	0.80	0.20
		高速钢（用切削液）		21		0.66	0.25
	成形车削	高速钢（用切削液）	—	20.3	—	0.50	0.30
不锈钢 1Cr18Ni9Ti 硬度 141HBS	外圆纵车	YG8（不用切削液）	—	110	0.20	0.45	0.15
		高速钢（用切削液）		31		0.55	
淬硬钢 50HRC $\sigma_b = 1650\text{MPa}$	外圆纵车	YT15（不用切削液）	$f \leqslant 0.3$	53.5	0.18	0.40	0.10
灰铸铁 硬度 190HBS	外圆纵车 ($\kappa'_r > 0°$)	YG6（不用切削液）	$f \leqslant 0.40$ $f > 0.40$	189.8 158	0.15	0.20 0.40	0.20
		高速钢（不用切削液）	$f \leqslant 0.25$ $f > 0.25$	24 22.7	0.15	0.30 0.40	0.1
	外圆纵车 ($\kappa'_r = 0°$)	YG6（用切削液）	$f \geqslant a_p$ $f < a_p$	208	0.40 0.20	0.20 0.40	0.28

（续）

加工材料	加工型式	刀具材料	进　给　量	C_v	x_v	y_v	m
灰　铸　铁 硬度 190HBS	切断及切槽	YG6（不用切削液）	—	54.8	—	0.40	0.20
		高速钢（不用切削液）		18			0.15
可锻铸铁 硬度 150HBS	外圆纵车	YG8（不用切削液）	$f \leqslant 0.40$	206	0.15	0.20	0.20
			$f > 0.40$	140		0.45	
		高速钢（用切削液）	$f \leqslant 0.25$	68.9	0.20	0.25	0.125
			$f > 0.25$	48.8		0.50	
	切断及切槽	YG6（不用切削液）	—	68.8	—	0.40	0.20
		高速钢（用切削液）		37.6		0.50	0.25
中等硬度非均质铜合金 硬度 100～140HBS	外圆纵车	高速钢（不用切削液）	$f \leqslant 0.20$	216	0.12	0.25	0.23
			$f > 0.20$	145.6		0.50	
硬　青　铜 硬度 200～240HBS	外圆纵车	YG8（不用切削液）	$f \leqslant 0.40$	734	0.13	0.20	0.20
			$f > 0.40$	648	0.20	0.40	
铝硅合金及铸造铝合金 $\sigma_b = 100 \sim 200$MPa，硬度≤65HBS，硬铝 $\sigma_b = 300 \sim 400$MPa，硬度≤100HBS	外圆纵车	高速钢（不用切削液）	$f \leqslant 0.20$	388	0.12	0.25	0.28
			$f > 0.20$	262		0.50	

注：1. 内表面加工（镗孔、孔内切槽、内表面成形车削）时，用外圆加工的切削速度乘系数 0.9。

2. 用高速钢车刀加工结构钢、不锈钢及铸钢不用切削液时，切削速度乘系数 0.8。

3. 用 YT5 车刀对钢件切断及切槽使用切削液时，切削速度乘系数 1.4。

4. 成形车削深轮廓及复杂轮廓工件时，切削速度乘系数 0.85。

5. 用高速钢车刀加工热处理钢件时，切削速度应减小，正火—乘系数 0.95，退火—乘系数 0.9；调质—乘系数 0.8。

6. 其它加工条件改变时，切削速度的修正系数见表 1.28。

表 1.28　车削过程使用条件改变时的修正系数

（一）与车刀寿命有关

刀具材料	工 件 材 料	车 刀 型 式	工作条件	寿命指数 m	系　数	寿　命 T（min）						
						30	60	90	120	150	240	360
						修　正　系　数						
硬质合金	结构钢、碳钢、合金钢	$\kappa'_r > 0°$外圆车刀、端面车刀、镗刀	不加切削液	0.20	k_{Tv} k_{TFc} k_{TPc}	1.15 0.98 1.13	1.0 1.0 1.0	0.92 1.02 0.94	0.87 1.03 0.89	0.83 1.04 0.86	0.76 1.05 0.80	0.70 1.07 0.75
		$\kappa'_r = 0°$外圆车刀		0.18	k_{Tv} k_{TFc} k_{TPc}	1.13 0.98 1.11	1.0 1.0 1.0	0.93 1.02 0.95	0.88 1.03 0.91	0.85 1.04 0.88	0.78 1.05 0.82	0.73 1.07 0.78
		切　断　刀		0.20	$k_{Tv} = k_{TPc}$	1.15	1.0	0.92	0.87	0.83	0.76	0.70
	不锈钢 1Cr18Ni9Ti	外圆车刀、端面车刀、镗刀		0.15	$k_{Tv} = k_{TPc}$	1.11	1.0	0.94	0.90	0.87	0.81	0.76
	铸铁、青铜	$\kappa'_r > 0°$外圆车刀、端面车刀、切断刀		0.20	$k_{Tv} = k_{TPc}$	1.15	1.0	0.92	0.87	0.83	0.76	0.70
		$\kappa'_r = 0°$外圆车刀		0.28	$k_{Tv} = k_{TPc}$	1.21	1.0	0.89	0.82	0.77	0.68	0.61

（续）

刀具材料	工件材料	车刀型式	工作条件	寿命指数 m	系数	寿命 T (min) 30	60	90	120	150	240	360
						修正系数						
高速钢	钢、可锻铸铁	外圆车刀、端面车刀、镗刀	加切削液	0.125	$k_{Tv}=k_{TPc}$	1.09	1.0	0.95	0.92	0.90	0.85	0.80
		车槽刀、切断刀		0.25	$k_{Tv}=k_{TPc}$	1.19	1.0	0.90	0.83	0.79	0.71	0.64
		样板刀		0.30	$k_{Tv}=k_{TPc}$	—	—	1.09	1.0	0.93	0.81	0.72
	灰铸铁	外圆车刀、端面车刀、镗刀	不加切削液	0.1	$k_{Tv}=k_{TPc}$	1.07	1.00	0.96	0.93	0.91	0.87	0.84
		车槽刀、切断刀		0.15	$k_{Tv}=k_{TPc}$	1.11	1.00	0.94	0.90	0.87	0.81	0.76
	铜合金	所有车刀		0.23	$k_{Tv}=k_{TPc}$	1.16	1.00	0.91	0.84	0.80	0.73	0.66
	铝合金、镁合金	除样板刀外的所有车刀		0.30	$k_{Tv}=k_{TPc}$	1.23	1.00	0.88	0.81	0.75	0.66	0.58

（二）与工件材料有关

类别	工 件 材 料	力学性能 布氏硬度的压坑直径 (mm)	布氏硬度 HBS	抗拉强度 σ_b (MPa)	修正系数 切削速度 k_{Mv}	主切削力 k_{MFc}	功率 k_{MPc}
		1. 高速钢车刀					
1	易切削钢 Y12、Y20、Y30、Y40Mn	5.70~5.08	107~138	400~500	2.64	—	—
		<5.08~4.62	>138~169	>500~600	2.04	—	—
		<4.62~4.26	>169~200	>600~700	1.56	—	—
		<4.26~3.98	>200~230	>700~800	1.20	—	—
		<3.98~3.75	>230~262	>800~900	0.96	—	—
2	结构碳钢（$w_C \leqslant 0.6\%$），08、10、15、20、25、30、35、40、45、50、55、60	6.60~5.70	77~107	300~400	1.39	0.78	1.08
		<5.70~5.08	>107~138	>400~500	1.70	0.86	1.46
		<5.08~4.62	>138~169	>500~600	1.31	0.92	1.21
		<4.62~4.26	>169~200	>600~700	1.0	1.0	1.0
		<4.26~3.98	>200~230	>700~800	0.77	1.13	0.87
		<3.98~3.75	>230~262	>800~900	0.63	1.23	0.78
3	工具钢、碳钢、铬钼钢、镍铬钼钢等（$w_C>0.6\%$）65、70、T7、T8、T9、T10、T12、T13、35CrMoA、0CrMo、32CrNiMo、35CrNiMo、40CrNiMoA、0CrNi3Mo、35CrMoAlA、38CrMoAlA、35CrAlA、18CrNiWA、18CrNiMoA、18Cr2Ni4MoA、15CrMnNiMoA、20CrNiVA、45CrNiMoVA、25CrNiWA	4.56~4.23	169~203	600~700	0.73	1.0	0.73
		<4.23~3.99	>203~230	>700~800	0.62	1.13	0.70
		<3.99~3.76	>230~262	>800~900	0.53	1.23	0.66
		<3.76~3.58	>262~288	>900~1000	0.45	1.32	0.60
		<3.58~3.42	>288~317	>1000~1100	0.40	1.44	0.58
		<3.42~3.28	>317~345	>1100~1200	0.31	1.53	0.47
4	锰钢 15Mn、20Mn、30Mn、40Mn、50Mn、60Mn、65Mn、70Mn、30Mn2、35Mn2、40Mn2、45Mn2、50Mn2	4.70~4.27	160~200	400~500	1.30	0.86	1.11
		<4.27~4.10	>200~233	>500~600	0.97	0.92	0.89
		<4.10~3.80	>233~260	>600~700	0.74	1.0	0.74
		<3.80~3.65	>260~275	>700~800	0.62	1.13	0.70
		<3.65~3.58	>275~286	>800~900	0.50	1.23	0.62
		<3.58~3.55	>286~292	>900~1000	0.44	1.32	0.58
		<3.55~3.40	>292~317	>1000~1100	0.37	1.44	0.53
		<3.40~3.25	>317~345	>1100~1200	0.31	1.53	0.48

（续）

类别	工 件 材 料			力 学 性 能			修 正 系 数		
				布氏硬度的压坑直径（mm）	布氏硬度 HBS	抗拉强度 σ_b（MPa）	切削速度 k_{Mv}	主切削力 k_{MFc}	功率 k_{MPc}
5	铬钢、镍铬钢及镍钢 15Cr、20Cr、30Cr、35Cr、38CrA、40Cr、45Cr、50Cr、20CrNi、40CrNi、45CrNi、50CrNi、12CrNi2、12CrNi2A、12CrNi3、12CrNi3A、20CrNi3A、30CrNi3、37CrNi3A、12Cr2Ni4、12Cr2Ni4A、20Cr2Ni4、20Cr2Ni4A、25Ni、30Ni、40Ni、25Ni3			5.54～4.95	116～146	400～500	1.55	0.86	1.33
				<4.95～4.56	>146～174	>500～600	1.16	0.92	1.06
				<4.56～4.23	>174～203	>600～700	0.88	1.0	0.88
				<4.23～3.99	>203～230	>700～800	0.74	1.13	0.84
				<3.99～3.76	>230～260	>800～900	0.54	1.23	0.67
				<3.76～3.58	>260～288	>900～1000	0.51	1.32	0.67
				<3.58～3.42	>288～317	>1000～1100	0.44	1.44	0.63
				<3.42～3.28	>317～345	>1100～1200	0.37	1.53	0.57
6	铬锰钢、铬硅钢、硅锰钢及铬硅锰钢 15CrMn、20CrMn、40CrMn、35CrMn2、33CrSi、35CrSi、37CrSi、40Cr2Mn、25SiMn、27SiMn、35SiMn、50SiMn、20CrMnSi、25CrMnSi、30CrMnSi、35CrMnSi			4.95～4.56	146～174	500～600	0.85	0.92	0.78
				<4.56～4.23	>174～203	>600～700	0.65	1.0	0.65
				<4.23～3.99	>203～230	>700～800	0.54	1.13	0.61
				<3.99～3.76	>230～260	>800～900	0.44	1.23	0.54
				<3.76～3.58	>260～288	>900～1000	0.38	1.32	0.50
				<3.58～3.42	>288～317	>1000～1100	0.33	1.44	0.48
				<3.42～3.28	>317～345	>1100～1200	0.27	1.53	0.41
7	高速工具钢 W18Cr4V、W9Cr4V			4.56～4.23	174～203	600～700	0.55	1.0	0.55
				<4.23～3.99	>203～230	>700～800	0.47	1.13	0.53
				<3.99～3.76	>230～260	>800～900	0.40	1.23	0.49
				<3.76～3.58	>260～288	>900～1000	0.34	1.32	0.45
				<3.58～3.42	>288～317	>1000～1100	0.30	1.44	0.43
				<3.42～3.28	>317～345	>1100～1200	0.23	1.53	0.35
8	灰铸铁 HT100、HT150、HT200、HT250、HT300、HT350			5.05～4.74	140～160	—	1.51	0.88	1.33
				<4.74～4.48	>160～180	—	1.21	0.94	1.14
				<4.48～4.26	>180～200	—	1.00	1.00	1.00
				<4.26～4.08	>200～220	—	0.85	1.06	0.90
				<4.08～3.91	>220～240	—	0.72	1.11	0.80
				<3.91～3.76	>240～260	—	0.63	1.16	0.73
9	可锻铸铁 KTH300-06、KTH330-08、KTH350-10、KTH370-12			5.87～5.42	100～120	—	1.76	0.84	1.48
				<5.42～5.06	>120～140	—	1.28	0.92	1.18
				<5.06～4.74	>140～160	—	1.00	1.00	1.00
				<4.74～4.48	>160～180	—	0.80	1.07	0.86
				<4.48～4.26	>180～200	—	0.66	1.14	0.75
10	铜合金	非均质的	高硬度的 ZCuAl9Fe4Ni4Mn2、QAl10-4-4、QAl10-3-1.5	—	150～200	—	0.70	0.75	0.53
			中等硬度的 QAl9-4、QAl9-2、HSi80-3、ZCuZn40Mn3Fe1、ZCuZn25Al6Fe3Mn3、ZCuSn10Zn2、ZCuZn31Al2	—	100～140	—	1.0	1.0	1.0
		非均质铅合金	ZCuSn10Zn2、ZCuAl9Mn2、ZCuZn40Mn2、ZCuZn38Mn2Pb2	—	70～90	—	1.70	0.65～0.70	1.1～1.19

（续）

类别	工件材料			力 学 性 能			修 正 系 数		
				布氏硬度的压坑直径 (mm)	布氏硬度 HBS	抗拉强度 σ_b (MPa)	切削速度 k_{Mv}	主切削力 k_{MFc}	功率 k_{MPc}
10	铜	均质合金	QSi3-1、QA17、QA15、QSn6.5-0.1 QSn6.5-0.4 QSn4-3、QSi1-3	—	60～90	—	2.0	1.8～2.2	3.6～4.4
	合	含铅不足10%的均质合金	ZCuSn5Pb5Zn5、QSn4-4-2.5、QSn4-4-4	—	60～80	—	4.0	0.65～0.70	2.6～2.8
		铜	Cu-4、Cu-5	—	70～80	—	8.0	1.7～2.1	13.6～16.8
	金	含铅>15%的合金	ZCuPb17Sn4Zn4、ZCuPb20Sn5、ZCuPb30	—	35～45	—	12.0	0.25～0.45	3.0～5.4
11	铝	铝硅合金、铸造合金		—	>65（淬火的）	200～300	0.8	1.0	0.8
		硬 铝		—	>100（淬火的）	400～500		2.75	2.2
	合	铝硅合金、铸造合金		—	≤65	100～200	1.0	1.0	1.0
		硬 铝		—	≤100	300～400		2.0	2.0
	金	硬 铝		—	—	200～300	1.2	1.5	1.8

2. 硬质合金车刀

类别	工件材料			布氏硬度的压坑直径 (mm)	布氏硬度 HBS	抗拉强度 σ_b (MPa)	切削速度 k_{Mv}	主切削力 k_{MFc}	功率 k_{MPc}
1	碳钢、合金钢（铬钢、镍铬钢及铸钢）			≤5.10	≤137	400～500	1.44	0.83	1.20
				5.00～4.56	143～174	>500～600	1.18	0.92	1.09
				<4.56～4.23	>174～207	>600～700	1.0	1.0	1.0
				<4.23～4.00	>207～229	>700～800	0.87	1.07	0.93
				<4.00～3.70	>229～267	>800～900	0.77	1.14	0.88
				<3.70～3.50	>267～302	>900～1000	0.69	1.20	0.83
				<3.50～3.40	>302～320	>1000～1100	0.62	1.26	0.78
				<3.40～3.30	>320～350	>1100～1200	0.57	1.32	0.75
2	灰铸铁			5.05～4.74	140～160	—	1.35	0.91	1.23
				<4.74～4.48	>160～180	—	1.15	0.96	1.10
				<4.48～4.26	>180～200	—	1.0	1.0	1.0
				<4.26～4.08	>200～220	—	0.89	1.04	0.93
				<4.08～3.91	>220～240	—	0.79	1.08	0.85
				<3.91～3.76	>240～260	—	0.71	1.11	0.79
3	铜	非均质的	高硬度的	—	200～240	—	1.0	1.0	1.0
			中等硬度的	—	100～140	—	1.43	1.33	1.90
	合	非均质铅合金		—	70～90	—	2.43	0.83	2.02
		均质合金		—	60～90	—	2.86	2.7	7.7
	金	含铅不足10%的均质合金		—	60～80	—	5.72	0.90	5.15

（续）

类别	牌　　号	σ_b (MPa)	k_{Mv}	牌　　号	σ_b (MPa)	k_{Mv}
4	1Cr18Ni9Ti	550	1.0	Cr15Ni9Al	1300	0.75
	1Cr12Ni2WMoV	1100～1460	0.8～0.3	Cr20Ni78	780	0.75
	20Cr15Ni3MoA	1100～1460	0.7～0.3	Cr20Ni75Mo2NbTiAl	—	0.53
	25Cr2MoVA	750～900	0.75	Cr24Ni60W	750	0.48
	30CrNi2MoVA	1100～1450	0.4～0.15	Cr20Ni77Ti2Al	850～1000	0.40
	1Cr17Ni2	80～130	1.0～0.75	Cr20Ni77Ti2AlB	850～1000	0.26
	1Cr12WNi	650	1.1	Cr15Ni35W3Ti3	950	0.50
	13Cr14NiWVBA	700～1200	0.5～0.4	GH37	1000～1250	0.25
	20Cr3MoWV	—	1.5～1.1	Cr15Ni70W5Mo4Al2Ti	—	0.23
	4Cr12Ni8Mn8MoVNb	—	0.95～0.72	Cr10Ni55Co15MoTiAl	1000～1250	0.25
	4Cr14Ni14W2Mo	700	1.06	CrNi58WMoCoAlB	900～1000	0.20
	Cr12Ni20Ti3B	720～800	0.85	Cr15Ni35W3Ti3Al	900～950	0.22
	1Cr21Ni5Ti	820～1000	0.65	Cr20Ni40W8	500～600	0.30
	Cr23Ni18	600～620	0.80	TC5、TC6	950～1200	0.40
	3Cr19Ni9MoWNbTi	600～620	0.40	TA6、TC2	750～950	0.70
	1Cr18Ni12Si4TiAl	730	0.50	TC4、TC8	900～1200	0.35
	0Cr14Ni28W3Ti3AlB	900	0.20	1Cr13、2Cr13	600～1100	1.5～1.2
	GH130	900	0.35	3Cr13、4Cr13	850～1100	1.3～0.9
	Cr17Ni5Mo3	1300	1.00			

（其中类别列纵向标注：不锈钢、耐热钢、耐热合金）

（三）与毛坯表面状态有关

无　外　皮	有　　外　　皮				铜及铝合金
	棒　　料	锻　　件	铸钢及铸铁		
			一　般	带砂外皮	
修　正　系　数　$\kappa_{sv}=\kappa_{sPc}$					
1.0	0.9	0.8	0.8～0.85	0.5～0.6	0.9

（四）与刀具材料有关

加工材料	修　正　系　数　$\kappa_{tv}=\kappa_{tPc}$					
结构钢、铸钢	YT5	YT14	YT15	YT30	YG8	—
	0.65	0.8	1.0	1.4	0.4	
耐热钢、合金	YG8	YT5	YT15	W18Cr4V W6Mo5Cr4V2		
	1.0	1.4	1.9	0.3		

（续）

加工材料	修 正 系 数 $\kappa_{tv} = \kappa_{tPc}$						
淬硬钢	35～50HRC						
	YT15	YT30	YG6	YG8	—		
	1.0	1.25	0.85	0.83			
灰铸铁、可锻铸铁	YG8	YG6	—	YG3			
	0.83	1.0		1.15			
铜、铝合金	W18Cr4V W6Mo5Cr4V2	—	YG6	9SiCr、CrWMn	T12A		
	1.0		2.7	0.6	0.5		

（五）与车削方式有关

车削方式	外圆纵车	横　车　d:D			切断	切　槽　d:D	
		0～0.4	0.5～0.7	0.8～1.0		0.5～0.7	0.8～0.95
系数 $k_{\kappa v} = k_{\kappa Pc}$	1.0	1.24	1.18	1.04	1.0	0.96	0.84

（六）镗孔时相对于外圆纵车的修正系数

镗　孔　直　径	（mm）		75	150	250	＞250
修正系数	用硬质合金车刀加工未淬火钢	k_{gv}	0.8	0.9	0.95	1.0
		k_{gFc}	1.03	1.01	1.01	1.0
		k_{gPc}	0.82	0.91	0.96	1.0
	加工其它金属	$k_{gv} = k_{gPc}$	0.8	0.9	0.95	1.0

（七）与车刀主偏角有关

主　偏　角 κ_r （°）		30	45	60	75	90
系数 $k_{\kappa rv}$	加工结构钢、可锻铸铁	1.13	1.0	0.92	0.86	0.81
	加工耐热钢	—	1.0	0.87	0.78	0.70
	加工灰铸铁、铜合金	1.20	1.0	0.88	0.83	0.73
	硬质合金刀具	1.08	1.0	0.94	0.92	0.89
系数 $k_{\kappa rFc}$	高速钢刀具	1.08	1.0	0.98	1.03	1.08

注：根据不同刀具材料加工不同工件材料 $k_{\kappa rPc} = k_{\kappa rv} = k_{\kappa rFc}$。

（八）与车刀的前角有关

刀具材料	工　件　材　料		前　角　γ_o（°）								
			+30	+25	+20	+12	+10	+8	0	-10	-20
			系　数　$k_{\gamma oFc} = k_{\gamma oPc}$								
高速钢	钢 σ_b（MPa）	＜500	0.94	1.0	1.06	—	—	—	—	—	—
		＞500～800	—	0.94	1.0	1.10	—	—	—	—	—
		＞800～1000	—	—	0.91	1.0	1.03	1.06	—	—	—
		＞1000～1200	—	—	—	0.94	0.97	1.0	—	—	—

（续）

刀具材料	工 件 材 料		前 角 γ_r（°）								
			+30	+25	+20	+12	+10	+8	0	-10	20
			系 数 $k_{\gamma oFc}=k_{\gamma oPc}$								
高速钢	铸铁、铜合金的硬度	<150HBS	—	—	1.0	1.10	—	—	—	—	—
		150~200HBS	—	—	0.91	1.0	1.03	1.06	—	—	—
		200~260HBS	—	—		0.94	0.97	1.0	—	—	—
硬质合金	钢 σ_b（MPa）	≤800	—	—	0.94	1.0	1.04	1.07	1.15	1.25	1.35
		>800	—	—	0.9	0.96	1.0	1.03	1.10	1.20	1.30
	灰铸铁、可锻铸铁、青铜的硬度	<220HBS	—	—		1.0	1.02	1.04	1.12	1.22	1.33
	灰铸铁的硬度	>220HBS	—	—		0.96	0.98	1.0	1.08	1.18	1.28

（九）与车刀其它参数有关（仅用于高速钢刀具）

副偏角 κ'_r（°）	10	15	20	30	45	
系数 $k'_{\kappa\gamma v}=k_{\kappa rPc}$	1.0	0.97	0.94	0.91	0.87	
刀尖圆弧半径 r_ε（mm）	1	2	3	5		
系 数	$k_{r_\varepsilon v}$	0.94	1.0	1.03	1.13	
	$k_{r_\varepsilon Fc}$	0.93	1.0	1.04	1.1	
	$k_{r_\varepsilon Pc}$	0.87	1.0	1.07	1.24	
刀杆尺寸 $B\times H$ （mm×mm）	12×20 16×16	16×25 20×20	20×30 25×25	25×40 30×30	30×45 40×40	40×60
系数 $k_{Bv}=k_{BPc}$	0.93	0.97	1.0	1.04	1.08	1.12

表 1.29 车削过程切削力及切削功率的计算公式

	计 算 公 式	单 位
主切削力 F_c	$F_c=C_{Fc}a_p^{xFc}f^{yFc}v_c^{nFc}k_{Fc}$	N
径向切削力 F_p	$F_p=C_{Fp}a_p^{xFp}f^{yFp}v_c^{nFp}k_{Fp}$	N
进给力（轴向力）F_f	$F_f=C_{Ff}a_p^{xFf}f^{yFf}v_c^{nFf}k_{Ff}$	N
切削时消耗的功率 P_c	$P_c=\dfrac{F_c v_c}{6\times10^4}$	kW

公 式 中 的 系 数 及 指 数

38

（续）

加 工 材 料	刀具材料	加 工 型 式	公式中的系数及指数											
			主切削力 F_c				径向力 F_p				进给力 F_f			
			C_{Fc}	x_{Fc}	y_{Fc}	n_{Fc}	C_{Fp}	x_{Fp}	y_{Fp}	n_{Fp}	C_{Ff}	x_{Ff}	y_{Ff}	n_{Ff}
结构钢、铸钢 $\sigma_b=650\text{MPa}$	硬质合金	外圆纵车、横车及镗孔	2795	1.0	0.75	-0.15	940	0.90	0.6	-0.3	2880	1.0	0.5	-0.4
		外圆纵车（$\kappa'_r=0°$）	3570	0.9	0.9	-0.15	2845	0.60	0.8	-0.3	2050	1.05	0.2	-0.4
		切槽及切断	3600	0.72	0.8	0	1390	0.73	0.67	0	—	—	—	—
	高速钢	外圆纵车、横车及镗孔	1770	1.0	0.75	0	1100	0.9	0.75	0	590	1.2	0.65	0
		切槽及切断	2160	1.0	1.0	0	—	—	—	—	—	—	—	—
		成形车削	1855	1.0	0.75	0	—	—	—	—	—	—	—	—
不锈钢 1Cr18Ni9Ti 的硬度141HBS	硬质合金	外圆纵车、横车、镗孔	2000	1.0	0.75	0	—	—	—	—	—	—	—	—
灰铸铁硬度 190HBS	硬质合金	外圆纵车、横车、镗孔	900	1.0	0.75	0	530	0.9	0.75	0	450	1.0	0.4	0
		外圆纵车（$\kappa'_r=0°$）	1205	1.0	0.85	0	600	0.6	0.5	0	235	1.05	0.2	0
	高速钢	外圆纵车、横车、镗孔	1120	1.0	0.75	0	1165	0.9	0.75	0	500	1.2	0.65	0
		切槽、切断	1550	1.0	1.0	0	—	—	—	—	—	—	—	—
可锻铸铁硬度 150HBS	硬质合金	外圆纵车、横车、镗孔	795	1.0	0.75	0	420	0.9	0.75	0	375	1.0	0.4	0
	高速钢	外圆纵车、横车、镗孔	980	1.0	0.75	0	865	0.9	0.75	0	390	1.2	0.65	0
		切槽、切断	1375	1.0	1.0	0	—	—	—	—	—	—	—	—
中等硬度不均质铜合金 120HBS	高速钢	外圆纵车、横车、镗孔	540	1.0	0.66	0	—	—	—	—	—	—	—	—
		切槽、切断	735	1.0	1.0	0	—	—	—	—	—	—	—	—
高硬度青铜硬度 200～240HBS	硬质合金	外圆纵车、横车、镗孔	405	1.0	0.66	0	—	—	—	—	—	—	—	—
铝、铝硅合金	高速钢	外圆纵车、横车、镗孔	390	1.0	0.75	0	—	—	—	—	—	—	—	—
		切槽、切断	490	1.0	1.0	0	—	—	—	—	—	—	—	—

注：1. 成形切削深度不大、形状不复杂的轮廓时，切削力减小 10%～15%。

2. 加工钢和铸铁的力学性能改变时，切削力的修正系数 k_{MF} 可按表 1.29-1 计算。

3. 车刀的几何参数改变时，切削分力的修正系数见表 1.29-2。

4. 切削条件改变时，切削力及功率的修正系数见表 1.28。

表 1.29-1　钢和铸铁的强度和硬度改变时切削力的修正系数 k_{MF}

加工材料	结 构 钢 和 铸 钢	灰 铸 铁	可 锻 铸 铁
系数 k_{MF}	$k_{MF}=\left(\dfrac{\sigma_b}{650}\right)^{n_F}$	$k_{MF}=\left(\dfrac{\text{HBS}}{190}\right)^{n_F}$	$k_{MF}=\left(\dfrac{\text{HBS}}{150}\right)^{n_F}$

加 工 材 料	上列公式中的指数 n_F									
	车削时的切削力						钻孔时的轴向力 F_f 及扭矩 M		铣削时的圆周力 F_c	
	F_c		F_p		F_f					
	刀 具 材 料									
	硬质合金	高速钢	硬质合金	高速钢	硬质合金	高速钢	硬质合金	高速钢	硬质合金	高速钢
	指　数　n_F									
结构钢及铸钢：$\sigma_b\leqslant600\text{MPa}$ $\sigma_b>600\text{MPa}$	0.75	$\dfrac{0.35}{0.75}$	1.35	2.0	1.0	1.5	0.75		0.3	
灰铸铁、可锻铸铁	0.4	0.55	1.0	1.3	0.8	1.1	0.6		1.0	0.55

表 1.29-2　加工钢及铸铁时刀具几何参数改变时切削力的修正系数

参　数		刀具材料	修　正　系　数			
名　称	数　值		名　称	切　削　力		
				F_c	F_p	F_f
主偏角 κ_r (°)	30	硬质合金	$k_{\kappa rF}$	1.08	1.30	0.78
	45			1.0	1.0	1.0
	60			0.94	0.77	1.11
	75			0.92	0.62	1.13
	90			0.89	0.50	1.17
	30	高速钢		1.08	1.63	0.7
	45			1.0	1.0	1.0
	60			0.98	0.71	1.27
	75			1.03	0.54	1.51
	90			1.08	0.44	1.82
前角 γ_o (°)	−15	硬质合金	$k_{\gamma oF}$	1.25	2.0	2.0
	−10			1.2	1.8	1.8
	0			1.1	1.4	1.4
	10			1.0	1.0	1.0
	20			0.9	0.7	0.7
	12~15	高速钢		1.15	1.6	1.7
	20~25			1.0	1.0	1.0
刃倾角 λ_s (°)	+5	硬质合金	$k_{\lambda sF}$	1.0	0.75	1.07
	0				1.0	1.0
	−5				1.25	0.85
	−10				1.5	0.75
	−15				1.7	0.65
刀尖圆弧半径 r_ε (mm)	0.5	高速钢	$k_{\gamma\varepsilon F}$	0.87	0.66	1.0
	1.0			0.93	0.82	
	2.0			1.0	1.0	
	3.0			1.04	1.14	
	5.0			1.1	1.33	

五、常用车床的技术资料

表 1.30　C620-1 型卧式车床

中心高 $H = 200mm$

中心距 $L = 750mm$，$1000mm$，$1500mm$

工件最大加工直径：

1）在床面上 $D = 400mm$

2）在刀架上 $D = 210mm$

3）棒料 $D = 38mm$

工件最大加工长度 $l = 650mm$，$900mm$，$1400mm$

车刀刀杆最大尺寸 $B \times H = 25mm \times 25mm$

进给机构允许最大抗力：

1）纵走刀 $F_{max} = 3530N$

2）横走刀 $F_{max} = 5100N$

主电动机功率 $P_E = 7.8kW$

级数	转数 n (r/min)	效率	根据传动功率的扭矩 M_1 (N·m)	主轴允许的扭矩 M_2 (N·m)	考虑效率的主轴功率 P_{E1} (kW)	根据最薄弱环节的主轴功率 P_{E2} (kW)	纵进给量 (mm/r)		横进给量 (mm/r)	
1	11.5	0.75	3885	1177	5.9	1.42	0.082	0.80	0.027	0.27
2	14.5	0.75	3855	1177	5.9	1.79	0.088	0.91	0.029	0.30
3	19	0.75	2943	1177	5.9	2.35	0.10	0.96	0.033	0.32
4	24	0.75	2325	1177	5.9	2.95	0.11	1.00	0.038	0.33
5	30	0.75	1864	1177	5.9	3.7	0.12	1.11	0.040	0.37
6	37.5	0.75	1491	1177	5.9	4.6	0.13	1.21	0.042	0.40
7	46	0.75	1216	1177	5.9	5.7	0.14	1.28	0.046	0.41
8	58	0.75	961	961	5.9	5.9	0.15	1.46	0.050	0.48
9	76	0.75	736	736	5.9	5.9	0.16	1.59	0.054	0.52
10	96	0.75	579	579	5.9	5.9	0.18		0.058	
11	120	0.75	466	466	5.9	5.9	0.20		0.067	
12	150	0.75	373	373	5.9	5.9	0.23		0.075	
13	184	0.75	304	304	5.9	5.9	0.24		0.079	
14	230	0.75	240	240	5.9	5.9	0.25		0.084	
15	305	0.75	184	184	5.9	5.9	0.28		0.092	
16	380	0.75	145	145	5.9	5.9	0.30		0.10	
17	480	0.75	118	118	5.9	5.9	0.33		0.11	
18	600	0.70	87	87	5.5	5.5	0.35		0.12	
19	370	0.82	167	167	6.4	6.4	0.40		0.13	
20	460	0.80	132	132	6.2	6.2	0.45		0.15	
21	610	0.75	92	92	5.9	5.9	0.48		0.16	
22	770	0.70	69	69	5.5	5.5	0.50		0.17	
23	960	0.67	52	52	5.2	5.2	0.55		0.18	
24	1200	0.63	39	39	4.9	4.9	0.60		0.20	
							0.65		0.22	
							0.71		0.23	

表 1.31　CA6140 型卧式车床

中心高 $H = 200\text{mm}$

中心距 $L = 750\text{mm}$，1000mm，1500mm，2000mm

工件最大加工直径：

1）在床面上 $D = 400\text{mm}$

2）在刀架上 $D = 210\text{mm}$

工件最大加工长度 $l = 650\text{mm}$，900mm，1400mm，1900mm

车刀刀杆最大尺寸 $B \times H = 25\text{mm} \times 25\text{mm}$

主电动机功率 $P_\text{E} = 7.5\text{kW}$

级　　数	1	2	3	4	5	6	7	8	9	10	11	12
转数 n（r/min）	10	12.5	16	20	25	32	40	50	63	80	100	125
级　　数	13	14	15	16	17	18	19	20	21	22	23	24
转数 n（r/min）	160	200	250	320	400	500	450	560	710	900	1120	1400

纵进给量（mm/r）	标准进给	0.08,　0.09,　0.10,　0.11,　0.12,　0.13,　0.14,　0.15,　0.16,　0.18, 0.20,　0.23,　0.24,　0.26,　0.28,　0.30,　0.33,　0.36,　0.41,　0.46, 0.48,　0.51,　0.56,　0.61,　0.66,　0.71,　0.81,　0.86,　0.91,　0.94, 0.96,　1.02,　1.03,　1.09,　1.12,　1.15,　1.22,　1.29,　1.47,　1.59
	细进给	0.028,　0.032,　0.036,　0.039,　0.043,　0.046,　0.050,　0.054
	粗进给	1.71,　1.87,　2.05,　2.16,　2.28,　2.57 , 2.93,　3.16,　3.42,　3.74, 4.11,　4.32,　4.56,　5.14,　5.87,　6.33
横进给量（mm/r）	标准进给	0.04,　0.045,　0.050,　0.055,　0.060,　0.065,　0.070,　0.075, 0.080,　0.09,　0.10,　0.11,　0.12,　0.13,　0.14,　0.15,　0.16,　0.17, 0.20,　0.22,　0.24,　0.25,　0.28,　0.30,　0.33,　0.35,　0.40,　0.45, 0.48,　0.50,　0.56,　0.61,　0.43,　0.47,　0.51,　0.54,　0.57,　0.64, 0.73,　0.79
	细进给	0.014,　0.016,　0.018,　0.019,　0.021,　0.023,　0.025,　0.027
	粗进给	0.86,　0.94,　1.02,　1.08,　1.14,　1.28,　1.46,　1.58,　1.72,　1.88, 2.04,　2.16,　2.28,　2.56,　2.92,　3.16,　3.42,　3.74,　4.11,　4.32, 4.56,　5.14,　5.87,　6.33,　1.71,　1.87,　2.05,　2.16,　2.28,　2.57, 2.93,　3.16

第二部分 孔加工切削用量选择

一、切 削 要 素

v_c——切削速度（m/min），$v_c = \dfrac{\pi d_o n}{1000}$；

d_o——刀具直径（mm）；

n——刀具（或工件）每分转数（r/min）；

a_p——切削深度（mm）；

f——进给量（mm/r）；

T——刀具寿命（min）。

二、钻削用量选择举例

〔已知〕加工材料——40 钢，$\sigma_b = 640\mathrm{MPa}$，热轧钢。

工艺要求——孔径 $d = 20\mathrm{mm}$，孔深 $l = 80\mathrm{mm}$，通孔，精度为 H12～H13，用乳化液冷
却。

机床——Z525 型立式钻床。

〔试求〕（1）刀具；（2）切削用量；（3）基本工时。

〔解〕

1.选择钻头

选择高速钢麻花钻头，其直径 $d_o = 20\mathrm{mm}$。

钻头几何形状为（表 2.1 及表 2.2）：双锥修磨横刃，$\beta = 30°$，$2\phi = 118°$，$2\phi_1 = 70°$，b_ε
$= 3.5\mathrm{mm}$，$a_o = 12°$，$\psi = 55°$，$b = 2\mathrm{mm}$，$l = 4\mathrm{mm}$。

2.选择切削用量

（1）决定进给量 f

1）按加工要求决定进给量：根据表 2.7，当加工要求为 H12～H13 精度，钢的强度 σ_b
$< 800\mathrm{MPa}$，$d_o = 20\mathrm{mm}$ 时，$f = 0.35 \sim 0.43\mathrm{mm/r}$。

由于 $l/d = 80/20 = 4$，故应乘孔深修正系数 $k_{lf} = 0.95$，则

$$f = (0.35 \sim 0.43) \times 0.95\mathrm{mm/r} = 0.33 \sim 0.41\mathrm{mm/r}$$

2）按钻头强度决定进给量：根据表 2.8，当 $\sigma_b = 640\mathrm{MPa}$，$d_o = 20\mathrm{mm}$，钻头强度允许
的进给量 $f = 1.11\mathrm{mm/r}$。

3）按机床进给机构强度决定进给量：根据表 2.9，当 $\sigma_b \leqslant 640\mathrm{MPa}$，$d_o \leqslant 20.5\mathrm{mm}$，机
床进给机构允许的轴向力为 8330N（Z525 钻床允许的轴向力为 8830N，见表 2.35）时，进
给量为 $0.53\mathrm{mm/r}$。

从以上三个进给量比较可以看出，受限制的进给量是工艺要求，其值为 $f = 0.33 \sim 0.41\text{mm/r}$。根据 Z525 钻床说明书，选择 $f = 0.36\text{mm/r}$。

由于是加工通孔，为了避免孔即将钻穿时钻头容易折断，故宜在孔即将钻穿时停止自动进给而采用手动进给。

机床进给机构强度也可根据初步确定的进给量查出轴向力再进行比较来校验。

由表 2.19 可查出钻孔时的轴向力，当 $f = 0.36\text{mm/r}$，$d_\text{o} \leqslant 21\text{mm}$ 时，轴向力 $F_\text{f} = 6090\text{N}$。

轴向力的修正系数均为 1.0，故 $F_\text{f} = 6090\text{N}$。

根据 Z525 钻床说明书，机床进给机构强度允许的最大轴向力为 $F_\text{max} = 8830\text{N}$，由于 $F_\text{f} < F_\text{max}$，故 $f = 0.36\text{mm/r}$ 可用。

（2）决定钻头磨钝标准及寿命　由表 2.12，当 $d_\text{o} = 20\text{mm}$ 时，钻头后刀面最大磨损量取为 0.6mm，寿命 $T = 45\text{min}$。

（3）决定切削速度　由表 2.14，$\sigma_\text{b} = 640\text{MPa}$ 的 40 钢加工性属 5 类。

由表 2.13，当加工性为第 5 类，$f = 0.36\text{mm/r}$，双横刃磨的钻头，$d_\text{o} = 20\text{mm}$ 时，$v_\text{t} = 17\text{m/min}$。

切削速度的修正系数为：$k_{\text{Tv}} = 1.0$，$k_{\text{cv}} = 1.0$，$k_{\text{lv}} = 0.85$，$k_{\text{tv}} = 1.0$，故

$$v = v_\text{t} k_\text{v} = 17 \times 1.0 \times 1.0 \times 1.0 \times 0.85\text{m/min} = 14.4\text{m/min}$$

$$n = \frac{1000v}{\pi d_\text{o}} = \frac{1000 \times 14.4}{\pi \times 20}\text{r/min} = 229.3\text{r/min}$$

根据 Z525 钻床说明书，可考虑选择 $n_\text{c} = 272\text{r/min}$，但因所选转数较计算转数为高，会使刀具寿命下降，故可将进给量降低一级，即取 $f = 0.28\text{mm/r}$，也可选择较低一级转数 $n_\text{c} = 195\text{r/min}$，仍用 $f = 0.36\text{mm/r}$，比较这两种选择方案：

1）第一方案　$f = 0.28\text{mm/r}$，$n_\text{c} = 272\text{r/min}$

$$n_\text{c} f = 272 \times 0.28\text{mm/min} = 76.16\text{mm/min}$$

2）第二方案　$f = 0.36\text{mm/r}$，$n_\text{c} = 195\text{r/min}$

$$n_\text{c} f = 195 \times 0.36\text{mm/min} = 70.2\text{mm/min}$$

因为第一方案 $n_\text{c} f$ 的乘积较大，基本工时较少，故第一方案较好。这时 $v_\text{c} = 17\text{m/min}$，$f = 0.28\text{mm/r}$。

（4）检验机床扭矩及功率

根据表 2.20，当 $f \leqslant 0.33\text{mm/r}$，$d_\text{o} \leqslant 21\text{mm}$ 时，$M_\text{t} = 53.86\text{N·m}$。扭矩的修正系数均为 1.0，故 $M_\text{c} = 53.86\text{N·m}$。根据 Z525 钻床说明书，当 $n_\text{c} = 272\text{r/min}$ 时，$M_\text{m} = 144.2\text{N·m}$。

根据表 2.23，当 $\sigma_\text{b} = 570 \sim 680\text{MPa}$，$d_\text{o} = 20\text{mm}$，$f \leqslant 0.32\text{mm/r}$，$v_\text{c} = 17.4\text{m/min}$ 时，$P_\text{c} = 1.1\text{kW}$。

根据 Z525 钻床说明书，$P_\text{E} = 2.8 \times 0.81 = 2.26\text{kW}$。

由于 $M_\text{c} < M_\text{m}$，$P_\text{c} < P_\text{E}$，故选择之切削用量可用，即

$$f = 0.28\text{mm/r}, \quad n = n_\text{c} = 272\text{r/min}, \quad v_\text{c} = 17\text{m/min}$$

3. 计算基本工时

$$t_\text{m} = \frac{L}{nf}$$

式中，$L = l + y + \Delta$，$l = 80\text{mm}$，入切量及超切量由表 2.29 查出 $y + \Delta = 10\text{mm}$。

故
$$t_{\text{m}} = \frac{80 + 10}{272 \times 0.28}\text{min} = 1.18\text{min}$$

三、钻、扩、铰用量标准

表 2.1　高速钢钻头切削部分的几何形状

1. 刃磨形状

钻头直径 d_{o} (mm)	刃　磨　形　状			加 工 材 料
	名　　称	标　记	简　图	
0.15~12[①]	标　准	标　准		钢、钢铸件、铸铁
12~80	修 磨 横 刃	横		钢、钢铸件（带外皮）$\sigma_{\text{b}} \leqslant 500\text{MPa}$
	修磨棱带及横刃	棱、横		钢、钢铸件（不带外皮）$\sigma_{\text{b}} \leqslant 500\text{MPa}$
	双锥、修磨横刃	双　横		钢、钢铸件（带外皮）$\sigma_{\text{b}} > 500\text{MPa}$ 铸铁（带外皮）
	双锥、修磨横刃、棱带	双横、棱		钢及钢铸件（不带外皮）$\sigma_{\text{b}} > 500\text{MPa}$ 铸铁（不带外皮）

①小批生产中直径大于 12mm 的钻头，也可以不修磨。

（续）

2. 切削部分的尺寸

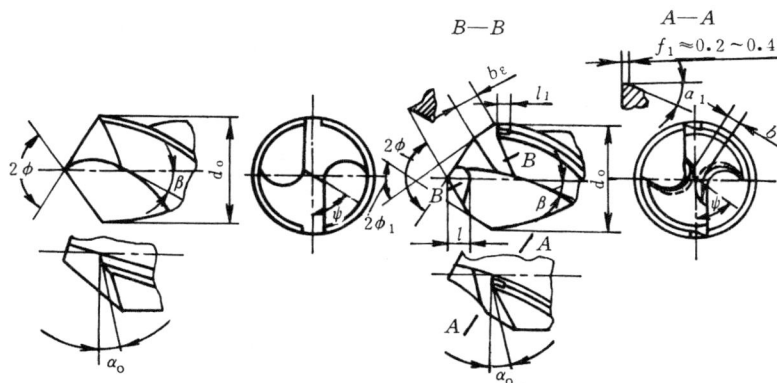

（mm）

钻头直径	后 角	双重磨法 二重刃长度	横 刃		棱 带 长 度
			横 刃 长 度	弧 面 长 度	
d_o	α_o (°)	b_ε	b	l	l_1
0.25~0.6	25±3				
>0.6~1.0	22±3				
>1.0~1.6	20±3		—	—	
>1.6~2.95	17±3	—			—
>2.95~8.0	16±3				
>8.0~10			1	2	
>10~12	12±3		—	—	
>12~16		2.5	1.5	3	
>16~20		3.5	2	4	1.5
>20~25		4.5	2.5	5	
>25~32		5.5	3	6	2
>32~40	11±3	7	3.5	7	
>40~50		9	5	9	3
>50~63		11	6	11	
>63~70		13	7	13	4
>70~80		15	8	15	

注：1. 其余刃磨角度：$2\phi=118°±3°$；$2\phi_1=70°±5°$；横刃斜角 ψ 对 $d_o=0.25\sim2.95$mm 时不规定，对 $d_o>$ 2.95mm 时，$\psi=40°\sim60°$。

2. 棱带部分修磨宽度 $f_1=0.2\sim0.4$mm，后角 $\alpha_1=6°\sim8°$。

表 2.2　高速钢钻头的几何参数

被 加 工 材 料	硬 度 HBS	2ϕ (°)	ψ (°)	$\alpha_\circ$ (°)	β (°)
结 构 钢	170～196	118	45～55	12～15	24～32
工 具 钢	240～400	118～150		7～15	
不锈钢、耐热钢及合金	—	127	50～55	12～14	31～35
铸　　铁	100～400	90～150	45～55	7～15	24～32
钛 合 金	—	135～140	50～55	12	30
铜	80～85	100～118	45～55	12～15	28～40
铜 合 金	—	118～150	50～55	12～15	10～40
铝及铝合金	—	90～140	45～55	12～17	24～50
镁 合 金	—	70～118	45～60	12	10～50
胶　　木	—	80～90	45～55	12～15	10～20
粉末塑料		30～35			
纤维塑料	—	45～50	45～55	14～16	8～20
层状塑料		70～80			

注：1. 加工不锈钢、耐热钢及合金时，钻头应比标准钻头具有较高的强度及刚性。其钻心厚度应增大为 (0.3～0.4)$d_\circ$，切削部分长度应减小至 $10d_\circ$。

2. 加工材料越硬，2ϕ 应取较大值，$\alpha_\circ$ 则取较小值。

3. 表中螺旋角用于新设计钻头，对标准钻头，β 为一定值。

表 2.3　钻钢群钻切削部分几何参数

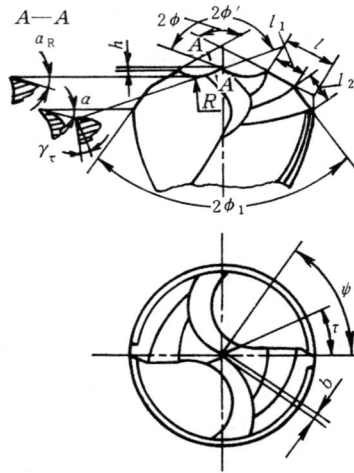

钻头直径 $d_\circ$	尖高 h	圆弧半径 R	外刃长 l	槽距 l_1	槽宽 l_2	槽刃长 b	槽深 c	槽数 z	外刃锋角 2ϕ	内刃锋角 $2\phi'$	横刃斜角 ψ	内刃前角 γ_τ	内刃斜角 τ	外刃后角 α	圆弧后角 α_R
			(mm)					(条)				(°)			
5～7	0.24	0.75	1.3	—	—	0.24									
>7～10	0.34	1.0	1.9	—	—	0.34	—	—					20	11	18
>10～15	0.5	1.5	2.7	—	—	0.5									
>15～20	0.7	1.5	5.5	1.4	2.7	0.7									
>20～25	0.9	2	7	1.8	3.4	0.9									
>25～30	1.10	2.5	8.5	2.2	4.2	1.1	1	1	125	135	65	-15	25	8	15
>30～35	1.3	3	10	2.2	5	1.3									
>35～40	1.5	3.5	11.5	2.9	5.8	1.5									
>40～45	1.7	4	13	2.2	3.25	1.70									
>45～50	1.9	4.5	14.5	3.6	1.9	1.9	1.5	2					30	6	12
>50～60	2.2	5	17	2.9	4.25	2.2									

注：上述某些数据的近似比例如下：$h\approx0.4d_\circ$；$R\approx0.1d_\circ$；$l\approx0.2d_\circ$($d_\circ\leqslant15$)，$l\approx0.3d_\circ$($d_\circ>15$)；$b\approx0.03d_\circ$。

表 2.4　铸铁群钻切削部分几何参数

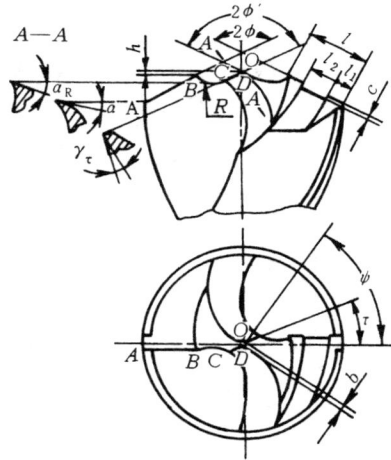

钻头直径 d_o	尖高 h	圆弧半径 R	横刃长 b	总外刃长 l	分外刃长	外刃锋角 2ϕ	第二锋角 $2\phi_1$	内刃锋角 $2\phi'$	横刃斜角 ψ	内刃前角 γ_τ	内刃斜角 τ	外刃后角 α	圆弧后角 α_R
	(mm)					(°)							
5~7	0.2	0.75	0.2	1.9									
>7~10	0.3	1.25	0.3	2.6							20	14	20
>10~15	0.4	1.75	0.4	4									
>15~20	0.5	2.25	0.5	5.5									
>20~25	0.6	2.75	0.6	7									
>25~30	0.75	3.5	0.75	8.5	$l_1=l_2$	120	70	135	65	−10	25	10	18
>30~35	0.9	4	0.9	10									
>35~40	1.05	4.5	1.05	11.5									
>40~45	1.15	5	1.15	13									
>45~50	1.3	6	1.3	14.5							30	8	15
>50~60	1.45	7	1.45	17									

注：上述某些数据的近似比例如下：$h\approx0.03d_o$；$R\approx0.12d_o$；$b\approx0.03d_o$；$l\approx0.3d_o$。

表 2.5　扩孔钻的几何参数

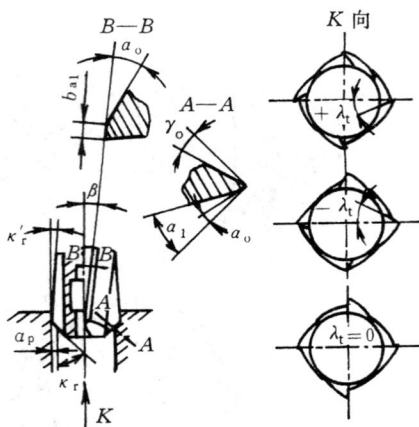

加 工 材 料	切削部分前角 γ_o (°)		α_o (°)	κ_r (°)	κ_{re} (°)	β (°)	b_{a1} (mm)
	高 速 钢 扩 孔 钻	硬质合金 扩 孔 钻					
钢、铸钢: 硬度≤180HBS	15~20	—	8~10	60	30	25~30	0.8~2
硬度=180~225HBS	12~15	0				10~20	
硬度=225~270HBS	5~10	0~-5					
硬度>270HBS	—	-10					
不锈钢、耐热钢	0~3	—	6~15	30~45	15~20	15~20	0.5~1
淬硬钢 HRC51 (σ_b=1600~1800MPa)	—	-15	10	60	15	10~20	0.8~2
耐热合金	0~3	—	8~10	30	—	10~20	0.5~1
钛 合 金	4~6	—	9~11	45	—	20	0.3~0.5
铸铁: 硬度≤150HBS	10~12	8	8~10	30~60	30	10	0.8~2
硬度=150~200HBS	6~8	5					
硬度>200HBS	—	0					
铝合金、铜合金	25~30	10~20	10	60	—	10~20	0.5~1
镁 合 金		—		45~60		20~25	

注: 1. 为提高扩孔钻寿命,必须:
1)磨出长度 $l=3a_p$、偏角为 κ_{re} 的过渡刃; 2)在高速钢扩孔钻前端长度为 1.5~2mm 处修磨棱带; 3)齿背磨成两个平面:在长度为 0.6~1.5mm 处磨出 $\alpha_o=8°~10°$,其余部分磨出 $\alpha_1=15°~20°$;在加工铸铁的硬质合金扩孔钻上,$\alpha_o=10°~17°$,$\alpha_1=20°~25°$。

（续）

2．硬质合金扩孔钻上的负前角是在前刀面宽 1.5～3mm 处形成的。

3．刃倾角如下选用：

$\lambda_t = 0$ 用于加工钢、铸铁和青铜；

$\lambda_t = -3° \sim -5°$ 用于使切屑易于排出；

$\lambda_t = -12° \sim -20°$ 用于加强硬质合金扩孔钻的切削刃。

4．加工硬的材料时，α_o、β 取小值，加工软的材料时则取大值。

5．对高速钢及硬质合金装配式扩孔钻，建议 $\gamma_o = 3°$，$\alpha_o = 6° \sim 8°$，$\alpha_1 = 15° \sim 20°$；对高速钢扩孔钻，$\kappa_r = 45° \sim 60°$，$\beta = 20°$；对硬质合金扩孔钻，$\kappa_r = 60°$，$\kappa_{re} = 30°$，$\beta = 12° \sim 15°$。

6．加工断续表面的内孔时，$\beta = 20° \sim 30°$（与加工材料无关）。

表 2.6　铰刀的几何参数

加 工 材 料	铰 刀 切 削 部 分 材 料				齿背倾斜角
	高 速 钢	硬 质 合 金	高 速 钢	硬 质 合 金	
	前 角 γ_o（°）		后 角 α_o（°）		α_1（°）
未淬硬钢	0	0～-5	6～12	6～8	10～20
淬硬钢 50HRC（$\sigma_b = 1600 \sim 1800$MPa）	—	-10～-15	—	6	10～15
不锈钢、耐热钢	0	—	5～8	—	10～15
耐热合金	0		6～10		10～15
钛合金	0	0	8～10	10	10～15
铸　铁	0	0～-5	6～8	10～17	15～20
铝合金、铜合金、镁合金	0		10～12		15～20

注：1．前角：加工钢粗铰刀的 $\gamma_o = 5° \sim 10°$；加工高韧性材料（如不锈钢等），$\gamma_o = 8° \sim 12°$；加工铜合金，$\gamma_o = 0° \sim 5°$；加工镁合金 $\gamma_o = 5° \sim 8°$；加工铝及铝合金、镍及镍合金，$\gamma_o = 5° \sim 10°$；加工黄铜，$\gamma_o = 5°$；锅炉铰刀，$\gamma_o = 12° \sim 15°$。

对于硬质合金铰刀，负前角是在宽度为 0.2～0.3mm（铰淬硬钢则为 2～3mm）棱边上形成的，其余部分仍为 $\gamma_o = 0°$

2．后角：粗铰刀和小直径铰刀取表中较大值，精铰刀则取较小值。对可调硬质合金铰刀及锅炉铰刀，后面磨出两个角度，在 0.3～1.5mm 宽度上磨 $\alpha_o = 5° \sim 8°$，其余部分磨 $\alpha_1 = 10° \sim 20°$。

校准齿上圆柱形棱边宽度：机用铰刀为 0.05～0.3mm（加工韧性金属为 0.05～0.08mm）；手用铰刀为 0.15～0.18mm，锅炉铰刀为 0.2～0.3mm。校准齿上的后角与切削齿同。

3．主偏角（切削锥角）：加工通孔时，对手用铰刀，$\kappa_r = 0.5° \sim 1.5°$；加工韧性金属的机铰刀 $\kappa_r = 12° \sim 15°$；加工脆性金属、硬金属及难加工金属及其合金的铰刀，$\kappa_r = 3° \sim 5°$；加工不锈钢及钛合金的铰刀，$\kappa_r = 15° \sim 30°$；锅炉铰刀，$\kappa_r = 1.5° \sim 3°$。加工盲孔时，对所有金属加工，手用铰刀：$\kappa_r = 45°$；机用铰刀：$\kappa_r = 60°$；硬质合金铰刀通常取 $\kappa_r = 15°$ 前端带 45° 倒角。为了减小加工孔的表面粗糙度，硬质合金铰刀可做成三重锥角 45°、15° 及 2° ～5°（长度为 0.8～2mm）。加工淬硬钢时，硬质合金铰刀的 $\kappa_r = 15°$ 并带有长度为 1.5～2mm，$\kappa_{re} = 1.5° \sim 2°$ 的过渡刃。对可调铰刀，加工钢时 $\kappa_r = 45°$，加工铸铁时 $\kappa_r = 5°$。

4．刀齿螺旋角：标准铰刀一般为直槽（$\beta = 0$）。为了提高孔的精度及减小表面粗糙度值，在加工有纵向槽的内孔时，铰刀做成螺旋齿。加工灰铸铁及硬钢，$\beta = 7° \sim 8°$；加工可锻铸铁、软钢及中硬钢，$\beta = 12° \sim 20°$；加工铝合金及其它轻金属，$\beta = 35° \sim 45°$；锅炉铰刀，$\beta = 25° \sim 30°$；可调铰刀，$\beta = 3°$。

表 2.7 高速钢钻头钻孔时的进给量

钻头直径 d_o (mm)	钢 σ_b (MPa)			铸铁、铜、铝合金硬度	
	<800	800~1000	>1000	≤200HBS	>200HBS
	进 给 量 f (mm/r)				
≤2	0.05~0.06	0.04~0.05	0.03~0.04	0.09~0.11	0.05~0.07
>2~4	0.08~0.10	0.06~0.08	0.04~0.06	0.18~0.22	0.11~0.13
>4~6	0.14~0.18	0.10~0.12	0.08~0.10	0.27~0.33	0.18~0.22
>6~8	0.18~0.22	0.13~0.15	0.11~0.13	0.36~0.44	0.22~0.26
>8~10	0.22~0.28	0.17~0.21	0.13~0.17	0.47~0.57	0.28~0.34
>10~13	0.25~0.31	0.19~0.23	0.15~0.19	0.52~0.64	0.31~0.39
>13~16	0.31~0.37	0.22~0.28	0.18~0.22	0.61~0.75	0.37~0.45
>16~20	0.35~0.43	0.26~0.32	0.21~0.25	0.70~0.86	0.43~0.53
>20~25	0.39~0.47	0.29~0.35	0.23~0.29	0.78~0.96	0.47~0.57
>25~30	0.45~0.55	0.32~0.40	0.27~0.33	0.9~1.1	0.54~0.66
>30~60	0.60~0.70	0.40~0.50	0.30~0.40	1.0~1.2	0.70~0.80

注：1. 表列数据适用于在大刚性零件上钻孔，精度在 H12~H13 级以下（或自由公差），钻孔后还用钻头、扩孔钻或镗刀加工。在下列条件下需乘修正系数：

1）在中等刚性零件上钻孔（箱体形状的薄壁零件、零件上薄的突出部分钻孔）时，乘系数 0.75；2）钻孔后要用铰刀加工的精确孔、低刚性零件上钻孔、斜面上钻孔以及钻孔后用丝锥攻螺纹的孔，乘系数 0.50。

2. 钻孔深度大于 3 倍直径时应乘修正系数：

钻孔深度（孔深以直径的倍数表示）	$3d_o$	$5d_o$	$7d_o$	$10d_o$
修 正 系 数 k_{tc}	1.0	0.9	0.8	0.75

3. 为避免钻头损坏，当刚要钻穿时应停止自动走刀而改用手动走刀。

表2.8 钻头强度所许的进给量

加工材料				钻头直径 d_o (mm)																				
可锻铸铁 硬度 HBS	灰铸铁 硬度 HBS	钢 σ_b(MPa)	硬度 HBS																					
—	—	380~460	110~131	—	—	—	—	—	2.2	2.7	3.4	4.3	5.4	6.7	8.4	10.5	13	16	20	25	31	39	48	60
—	—	470~560	135~160	—	—	—	—	2.2	2.7	3.4	4.3	5.4	6.7	8.4	10.5	13	16	20	25	31	39	48	60	—
<133	<168	570~680	163~194	—	—	—	2.2	2.7	3.4	4.3	5.4	6.7	8.4	10.5	13	16	20	25	31	39	48	60	—	—
133~168	168~218	690~820	197~234	—	—	2.2	2.7	3.4	4.3	5.4	6.7	8.4	10.5	13	16	20	25	31	39	48	60	—	—	—
>168	>213	830~990	237~283	—	2.2	2.7	3.4	4.3	5.4	6.7	8.4	10.5	13	16	20	25	31	39	48	60	—	—	—	—
—	—	1000~1200	285~343	2.2	2.7	3.4	4.3	5.4	6.7	8.4	10.5	13	16	20	25	31	39	48	60	—	—	—	—	—

进给量 f (mm/r)

加工材料				进给量 f (mm/r)																				
钢				0.11	0.13	0.16	0.19	0.23	0.27	0.32	0.38	0.46	0.55	0.65	0.78	0.93	1.11	1.32	1.6	1.9	>2	>2	>2	
灰铸铁、可锻铸铁				0.21	0.25	0.3	0.35	0.42	0.50	0.60	0.72	0.86	1.0	1.22	1.45	1.75	>2	>2	>2	>2	>2	>2	>2	

注：表中数值已考虑了钻头磨损后力的增大。

表 2.9 机床进给机构强度所允许的钻削进给量

加工材料 可锻铸铁硬度 HBS ≤130	>130	灰铸铁硬度 HBS ≤210	>210	钢 σ_b(MPa)/硬度 HBS σ_b≤640/≤185	840/240	1060/303	1340/383	钻头直径 d_o (mm)												
\ \ 机床说明书中所载进给机构允许的轴向力 (N) →																				
—	—	—	3430	—	—	—	3430	—	—	—	—	—	—	—	—	—	—	—	10.2	12.1
—	3430	3430	4120	—	—	3430	4120	—	—	—	—	—	—	—	—	—	—	10.2	12.1	14.5
3430	4120	4120	4900	—	3430	4120	4900	—	—	—	—	—	—	—	—	—	10.2	12.1	14.5	17.5
4120	4900	4900	5880	3430	4120	4900	5880	—	—	—	—	—	—	—	—	10.2	12.1	14.5	17.5	20.5
4900	5880	5880	6960	4120	4900	5880	6960	—	—	—	—	—	—	—	10.2	12.1	14.5	17.5	20.5	25
5880	6960	6960	8330	4900	5880	6960	8330	—	—	—	—	—	—	10.2	12.1	14.5	17.5	20.5	25	30
6960	8330	8330	9800	5880	6960	8330	9800	—	—	—	—	—	10.2	12.1	14.5	17.5	20.5	25	30	35
8330	9800	9800	11760	6960	8330	9800	11760	—	—	—	—	10.2	12.1	14.5	17.5	20.5	25	30	35	42
9800	11760	11760	14120	8330	9800	11760	14120	—	—	—	10.2	12.1	14.5	17.5	20.5	25	30	35	42	50
11760	14120	14120	16860	9800	11760	14120	16860	—	—	10.2	12.1	14.5	17.5	20.5	25	30	35	42	50	60
14120	16860	16860	20100	11760	14120	16860	20100	—	10.2	12.1	14.5	17.5	20.5	25	30	35	42	50	60	—
16860	20100	20100	24020	14120	16860	20100	24020	10.2	12.1	14.5	17.5	20.5	25	30	35	42	50	60	—	—
20100	24020	24020	28440	16860	20100	24020	28440	12.1	14.5	17.5	20.5	25	30	35	42	50	60	—	—	—
24020	28440	28440	34320	20100	24020	28440	34320	14.5	17.5	20.5	25	30	35	42	50	60	—	—	—	—
28440	34320	34320	41180	24020	28440	34320	41180	17.5	20.5	25	30	35	42	50	60	—	—	—	—	—
34320	41180	41180	49030	28440	34320	41180	49030	20.5	25	30	35	42	50	60	—	—	—	—	—	—
41180	49030	49030	58840	34320	41180	49030	58840	25	30	35	42	50	60	—	—	—	—	—	—	—
49030	58840	58840	69620	41180	49030	58840	69620	30	35	42	50	60	—	—	—	—	—	—	—	—
58840	69620	69620	83350	49030	58840	69620	83350	35	42	50	60	—	—	—	—	—	—	—	—	—
69620	83350	83350	98060	58840	69620	83350	98060	42	50	60	—	—	—	—	—	—	—	—	—	—
83350	98060	98060	—	69620	83350	98060	—	50	60	—	—	—	—	—	—	—	—	—	—	—
98060	—	—	—	83350	98060	—	—	60	—	—	—	—	—	—	—	—	—	—	—	—

进 给 量 f (mm/r)

刃磨形式													
钢	双横、双横棱	>2.4	2.4	1.9	1.5	1.1	0.88	0.69	0.53	0.41	0.32	0.25	0.19	0.15
	标准	2.0	1.6	1.2	0.96	0.75	0.58	0.45	0.35	0.27	0.21	0.16	0.13	0.1
灰铸铁、可锻铸铁	双横、双横棱	>2.25	>2.25	>2.25	>2.25	2.25	1.8	1.5	1.2	0.93	0.75	0.60	0.48	0.38
	标准	>2.3	>2.3	2.3	2.0	1.6	1.3	1.0	0.81	0.66	0.52	0.42	0.33	0.27

表 2.10　高速钢和硬质合金扩孔钻扩孔时的进给量

扩 孔 钻 直 径 d_o (mm)	加工不同材料时的进给量 f（mm/r）		
	钢、铸钢	铸铁、铜合金、铝合金	
		HB≤200	HB>200
≤15	0.5~0.6	0.7~0.9	0.5~0.6
>15~20	0.6~0.7	0.9~1.1	0.6~0.7
>20~25	0.7~0.9	1.0~1.2	0.7~0.8
>25~30	0.8~1.0	1.1~1.3	0.8~0.9
>30~35	0.9~1.1	1.2~1.5	0.9~1.0
>35~40	0.9~1.2	1.4~1.7	1.0~1.2
>40~50	1.0~1.3	1.6~2.0	1.2~1.4
>50~60	1.1~1.3	1.8~2.2	1.3~1.5
>60~80	1.2~1.5	2.0~2.4	1.4~1.7

注：1. 加工强度及硬度较低的材料时，采用较大值；加工强度及硬度较高的材料时，采用较小值。

2. 在扩盲孔时，进给量取为 0.3~0.6mm/r。

3. 表列进给量用于：孔的精度不高于 H12~H13 级，以后还要用扩孔钻和铰刀加工的孔，还要用两把铰刀加工的孔。

4. 当加工孔的要求较高时，例如 H8~H11 级精度的孔，还要用一把铰刀加工的孔，用丝锥攻螺纹前的扩孔，则进给量应乘系数 0.7。

表 2.11　高速钢及硬质合金机铰刀铰孔时的进给量　　　　　　　　　　　（mm/r）

铰 刀 直 径 (mm)	高 速 钢 铰 刀				硬 质 合 金 铰 刀			
	钢		铸 铁		钢		铸 铁	
	σ_b≤900 MPa	σ_b>900 MPa	硬度≤170 HBS 铸铁、铜、铝合金	硬度>170 HBS	未淬硬钢	淬硬钢	硬度≤170 HBS	硬度>170 HBS
≤5	0.2~0.5	0.15~0.35	0.6~1.2	0.4~0.8	—	—	—	—
>5~10	0.4~0.9	0.35~0.7	1.0~2.0	0.65~1.3	0.35~0.5	0.25~0.35	0.9~1.4	0.7~1.1
>10~20	0.65~1.4	0.55~1.2	1.5~3.0	1.0~2.0	0.4~0.6	0.30~0.40	1.0~1.5	0.8~1.2
>20~30	0.8~1.8	0.65~1.5	2.0~1.0	1.3~2.6	0.5~0.7	0.35~0.45	1.2~1.8	0.9~1.4
>30~40	0.95~2.1	0.8~1.8	2.5~5.0	1.6~3.2	0.6~0.8	0.40~0.50	1.3~2.0	1.0~1.5
>40~60	1.3~2.8	1.0~2.3	3.2~6.4	2.1~4.2	0.7~0.9		1.6~2.4	1.25~1.8
>60~80	1.5~3.2	1.2~2.6	3.75~7.5	2.6~5.0	0.9~1.2		2.0~3.0	1.5~2.2

注：1. 表内进给量用于加工通孔。加工盲孔时进给量应取为 0.2~0.5mm/r。

2. 最大进给量用于在钻或扩之后，精铰孔之前的粗铰孔。

3. 中等进给量用于：

①粗铰之后精铰 H7 级精度的孔；②精镗之后精铰 H7 级精度的孔；③对硬质合金铰刀，用于精铰 H8~
H9 级精度的孔。

4. 最小进给量用于：

①抛光或珩磨之前的精铰孔；②用一把铰刀铰 H8~H9 级精度的孔；③对硬质合金铰刀，用于精铰 H7
级精度的孔。

54

表 2.12 钻头、扩孔钻和铰刀的磨钝标准及寿命

磨钝限度	刀具材料	加工材料	钻头 ≤20	钻头 >20	扩孔钻 ≤20	扩孔钻 >20	铰刀 ≤20	铰刀 >20
			直径 d_o (mm) 后刀面最大磨损限度 (mm)					
	高速钢	钢	0.4~0.8	0.8~1.0	0.5~0.8	0.8~1.2	0.3~0.5	0.5~0.7
		不锈钢、耐热钢	0.3~0.8		—		—	
		钛合金	0.4~0.5		—		—	
		铸铁	0.5~0.8	0.8~1.2	0.6~0.9	0.9~1.4	0.4~0.6	0.6~0.9
	硬质合金	钢(扩钻)、铸铁	0.4~0.8	0.8~1.2	0.6~0.9	0.8~1.4	0.4~0.6	0.6~0.8
		淬硬钢	—		0.5~0.7		0.3~0.35	

刀具寿命(单刀加工)

刀具类型	加工材料	刀具材料	<6	6~10	11~20	21~30	31~40	41~50	51~60	61~80
			刀具直径 d_o (mm) / 刀具寿命 T (min)							
钻头(钻孔及扩钻)	结构钢及钢铸件	高速钢	15	25	45	50	70	90	110	—
	不锈钢及耐热钢	高速钢	6	8	15	25	—	—	—	—
	铸铁、铜合金、铝合金	高速钢 / 硬质合金	20	35	60	75	110	140	170	—
扩孔钻(扩孔)	结构钢及铸钢,铸铁、铜合金及铝合金	高速钢、硬质合金	—	—	30	40	50	60	80	100
铰刀(铰孔)	结构钢、铸钢	高速钢	—	—	40	80		120		
		硬质合金	—	20	30	50	70	90	110	140
	铸铁、铜合金、铝合金	高速钢	—	—	60	120		180		
		硬质合金			45	75	105	135	165	210

刀具寿命(多刀加工)

刀具数量 3	5	8	10	≥15
刀具寿命 T (min)				
50	80	100	120	140
80	110	140	150	170
100	130	170	180	200
120	160	200	220	250
150	200	240	260	300

注:在进行多刀加工时,如扩孔钻及刀头的直径大于60mm,则随调整复杂程度的不同,刀具寿命取为 $T=150\sim300$min。

表 2.13　高速钢钻头钻碳钢及合金钢时的切削速度（使用切削液）

加 工 性 分 类	进　　　给　　　量　　　f　　　（mm/r）													
1	0.20	0.27	0.36	0.49	0.66	0.88	—	—	—	—	—	—	—	
2	0.16	0.20	0.27	0.36	0.49	0.66	0.88	—	—	—	—	—	—	
3	0.13	0.16	0.20	0.27	0.36	0.49	0.66	0.88	—	—	—	—	—	
4	0.11	0.13	0.16	0.20	0.27	0.36	0.49	0.66	0.88	—	—	—	—	
5	0.09	0.11	0.13	0.16	0.20	0.27	0.36	0.49	0.66	0.88	—	—	—	
6	—	0.09	0.11	0.13	0.16	0.20	0.27	0.36	0.49	0.66	0.88	—	—	
7	—	—	0.09	0.11	0.13	0.16	0.20	0.27	0.36	0.49	0.66	0.88	—	
8	—	—	—	0.09	0.11	0.13	0.16	0.20	0.27	0.36	0.49	0.66	0.88	—
9	—	—	—	—	0.09	0.11	0.13	0.16	0.20	0.27	0.36	0.49	0.66	0.88
10	—	—	—	—	—	0.09	0.11	0.13	0.16	0.20	0.27	0.36	0.49	0.66
11	—	—	—	—	—	—	0.09	0.11	0.13	0.16	0.20	0.27	0.36	0.49

刃磨形式	钻头直径 d_o（mm）	切　　削　　速　　度　　v_c　　（m/min）												
双横	20	33	33	30	26	22	19	17	14	12	11	9	8	6.5	5.8
	30	33	33	33	30	26	22	19	17	14	12	11	9	8	6.5
	60	33	33	33	33	30	26	22	19	17	14	12	11	9	8
标准	4.6	26	22	19	17	14	12	11	9	8	6.5	5.8	5.0	4.3	3.6
	9.6	30	26	22	19	17	14	12	11	9	8	6.5	5.8	5.0	4.3
	20	33	30	26	22	19	17	14	12	11	9	8	6.5	5.8	5.0
	30	33	33	30	26	22	19	17	14	12	11	9	8	6.5	5.8
	60	33	33	33	30	26	22	19	17	14	12	11	9	8	6.5

注：1. 钢的加工性分类见表 2.14。

2. 加工条件改变时切削速度的修正系数见表 2.31。

表 2.14　孔加工时钢的加工性分类

钢 的 牌 号	钢 的 力 学 性 能 及 加 工 性 分 类						
易 切 削 钢 Y12、Y15、Y15Mn、 Y20、Y30、Y35	σ_b（MPa）	410～460	470～540	550～630	640～720	730～830	840～960	
	硬度 HBS	117～131	132～154	155～180	181～205	206～237	238～274	—
	k_v	2.1	1.8	1.56	1.34	1.16	1.0	—
	加工性分类	1	2	3	4	5	6	—
结 构 碳 钢 （$w_C<0.6\%$） 08F、10、15、20、25、30、 35、40、45、55、60 Q195、Q215、Q235、Q255	σ_b（MPa）	300～350	360～410	420～500	510～570	580～680	690～810	820～960
	硬度 HBS	84～99	100～117	118～140	141～163	164～194	195～232	233～274
	k_v	0.86	1.0	1.16	1.34	1.16	1.0	0.86
	加工性分类	7	6	5	4	5	6	7

钢 的 牌 号	钢 的 力 学 性 能 及 加 工 性 分 类						
铬钢：15Cr、20Cr、30Cr、 35Cr、40Cr、50Cr、 镍钢：25Ni、30Ni、 镍铬钢：20CrNi、40CrNi、 45CrNi、50CrNi、 12CrNi2、12CrNi3、 30CrNi3、 12Cr2Ni4、 20Cr2Ni4、 20CrNi3A、 37CrNi3A	σ_b（MPa）	370～430	440～510	520～610	620～720	730～850	860～1000	1010～1190
	硬度 HBS	110～127	128～146	147～174	175～205	206～243	244～285	286～341
	k_v	1.56	1.34	1.16	1.0	0.86	0.75	0.64
	加工性分类	3	4	5	6	7	8	9
加工性较差的结构钢 65、70、18CrNiWA 25CrNiWA、 18Cr2Ni4MoA、 18CrNiMoA、 20CrNiVA、 45CrNiMoVA	σ_b（MPa）	—	—	540～630	640～750	760～880	890～1040	1050～1230
	硬度 HBS	—	—	154～180	181～214	215～251	252～299	300～350
	k_v	—	—	1.0	0.86	0.75	0.64	0.55
	加工性分类	—	—	6	7	8	9	10
锰钢：15Mn、 20Mn、30Mn、40Mn、 50Mn、60Mn、65Mn、 70Mn、30Mn2、 10Mn2、35Mn2、 40Mn2、45Mn2、50Mn2 铬钼钢及相近的钢 12CrMo、20CrMo、 30CrMo、35CrMo、 38CrMoAlA、 35CrAlA、32CrNiMo、 40CrNiMoA 铬锰钢及相近的钢 15CrMn、20CrMn、 40CrMn、40Cr2Mn、 35CrMn2、33CrSi、 37CrSi、35SiMn、 20CrMnSi、25CrMnSi、 30CrMnSi、35CrMnSi	σ_b（MPa）	400～460	470～550	560～650	660～770	780～910	920～1080	1090～1260
	硬度 HBS	114～131	132～159	160～186	187～221	222～260	261～309	310～350
	k_v	1.16	1.0	0.86	0.75	0.64	0.55	0.48
	加工性分类	5	6	7	8	9	10	11

表 2.15　高速钢钻头钻灰铸铁时的切削速度

铸铁硬度 HBS	进　给　量　f　（mm/r）												
140～152	0.20	0.24	0.30	0.40	0.53	0.70	0.95	1.3	1.7	—	—	—	—
153～166	0.16	0.20	0.24	0.30	0.40	0.53	0.70	0.95	1.3	1.7	—	—	—
167～181	0.13	0.16	0.20	0.24	0.30	0.40	0.53	0.70	0.95	1.3	1.7	—	—
182～199	—	0.13	0.16	0.20	0.24	0.30	0.40	0.53	0.70	0.95	1.3	1.7	—
200～217	—	—	0.13	0.16	0.20	0.24	0.30	0.40	0.53	0.70	0.95	1.3	1.7
218～240	—	—	—	0.13	0.16	0.20	0.24	0.30	0.40	0.53	0.70	0.95	1.3

刃磨形式	钻头直径 d_o（mm）	切　削　速　度　v_c　（m/min）											
修磨双锥及横刃	20	35	35	31	28	25	22	20	18	16	14	12	11	10
	>20	35	35	35	32	28	25	23	20	18	16	14	12	11
标准钻头	3.2	26	23	20	18	16	14	13	11	10	9	8	7	6
	8	29	26	23	20	18	16	14	13	11	10	9	8	7
	20	33	29	26	23	20	18	16	14	13	11	10	9	8
	>20	35	34	30	27	24	21	19	17	15	14	12	10	9

注：加工条件改变时切削速度的修正系数见表 2.31。

表 2.16　群钻加工钢时的切削用量

加工材料			深径比 l/d_o	切削用量	直径 d_o（mm）								
碳钢（10,15,20,35,40,45,50 等）	合金钢（40Cr、38CrSi、60Mn、35CrMo、20CrMnTi 等）	其它钢种			8	10	12	16	20	25	30	35	40
硬度＜207HBS 正火或 σ_b＜600MPa	硬度＜143HBS 或 σ_b＜500MPa	易切削钢	≤3	进给量 f(mm/r)	0.24	0.32	0.40	0.5	0.6	0.67	0.75	0.81	0.9
				切削速度 v_c(m/min)	20	20	20	21	21	21	22	22	22
				转速 n(r/min)	800	640	530	420	335	270	230	200	175
			3～8	进给量 f(mm/r)	0.2	0.26	0.32	0.38	0.48	0.55	0.6	0.67	0.75
				切削速度 v_c(m/min)	16	16	16	17	17	17	18	18	18
				转速 n(r/min)	640	510	420	335	270	220	190	165	145
硬度 170～229HBS 或 σ_b=600～800MPa	硬度 143～207HBS 或 σ_b=500～700MPa	碳素工具钢、铸钢	≤3	进给量 f(mm/r)	0.2	0.28	0.35	0.4	0.5	0.56	0.62	0.69	0.75
				切削速度 v_c(m/min)	16	16	16	17	17	17	18	18	18
				转速 n(r/min)	640	510	420	335	270	220	190	165	145
			3～8	进给量 f(mm/r)	0.17	0.22	0.28	0.32	0.4	0.45	0.5	0.56	0.62
				切削速度 v_c(m/min)	13	13	13	13.5	13.5	13.5	14	14	14
				转速 n(r/min)	520	420	350	270	220	170	150	125	110

（续）

加工材料			深径比 l/d_o	切削用量	直径 d_o （mm）								
碳钢（10,15,20,35,40,45,50等）	合金钢（40Cr、38CrSi、60Mn、35CrMo、20CrMnTi等）	其它钢种			8	10	12	16	20	25	30	35	40
硬度229~285HBS 或 σ_b=800~1000MPa	硬度207~255HBS 或 σ_b=700~900MPa	合金铸钢、易切不锈、合金工具钢	≤3	进给量 f(mm/r)	0.17	0.22	0.28	0.32	0.4	0.45	0.5	0.56	0.62
				切削速度 v_c(m/min)	12	12	12	12.5	12.5	12.5	13	13	13
				转速 n(r/min)	480	380	320	250	200	160	140	120	90
			3~8	进给量 f(mm/r)	0.13	0.18	0.22	0.26	0.32	0.36	0.4	0.45	0.5
				切削速度 v_c(m/min)	11	11	11	11.5	11.5	11.5	12	12	12
				转速 n(r/min)	440	350	290	230	185	145	125	110	115
硬度285~321HBS 或 σ_b=1000~1200MPa	硬度255~302HBS 或 σ_b=900~1100MPa	奥氏体不锈钢	≤3	进给量 f(mm/r)	0.18	0.22	0.26	0.32	0.36	0.40	0.45	0.56	0.62
				切削速度 v_c(m/min)	9	9	9	10	10	10	11	11	11
				转速 n(r/min)	360	285	240	190	160	130	115	100	90
			3~8	进给量 f(mm/r)	0.12	0.15	0.18	0.22	0.26	0.3	0.32	0.38	0.41
				切削速度 v_c(m/min)	9	9	9	10	10	10	11	11	11
				转速 n(r/min)	360	285	240	190	160	130	115	100	90

注：1. 钻头平均寿命60~120min。

2. 当钻床—刀具系统刚性低，钻孔精度要求高和排屑、冷却不良时，应适当降低进给量 f 和切削速度 v_c。

3. 全部使用切削液。

表 2.17　群钻加工铸铁时的切削用量

加工材料		深径比 l/d_o	切削用量	直径 d_o （mm）								
灰铸铁	可锻铸铁、锰铸铁			8	10	12	16	20	25	30	35	40
硬度163~229HBS（HT100、HT150）	可锻铸铁（硬度≤229HBS）	≤3	进给量 f(mm/r)	0.3	0.4	0.5	0.6	0.75	0.81	0.9	1	1.1
			切削速度 v_c(m/min)	20	20	20	21	21	21	22	22	22
			转速 n(r/min)	800	640	530	420	335	270	230	200	175
		3~8	进给量 f(mm/r)	0.24	0.32	0.4	0.5	0.6	0.67	0.75	0.81	0.9
			切削速度 v_c(m/min)	16	16	16	17	17	17	18	18	18
			转速 n(r/min)	640	510	420	335	270	220	190	165	143
硬度170~269HBS（HT200以上）	可锻铸铁（硬度197~269HBS）锰铸铁	≤3	进给量 f(mm/r)	0.24	0.32	0.4	0.5	0.6	0.67	0.75	0.81	0.9
			切削速度 v_c(m/min)	16	16	16	17	17	17	18	18	18
			转速 n(r/min)	640	510	420	335	270	220	190	165	148
		3~8	进给量 f(mm/r)	0.2	0.26	0.32	0.38	0.48	0.55	0.6	0.67	0.75
			切削速度 v_c(m/min)	13	13	13	14	14	14	15	15	15
			转速 n(r/min)	520	420	350	270	220	170	150	125	110

注：1. 钻头平均寿命120min。

2. 应使用乳化液冷却。

3. 当钻床—刀具系统刚性低，钻孔精度要求高和钻削条件不好时（如带铸造黑皮），应适当降低进给量 f 与切削速度 v_c。

表 2.18 硬质合金钻头钻削不同材料的切削用量

加工材料	抗拉强度 σ_b (MPa)	硬度 HBS	进给量 f (mm/r)			切削速度 v_c (m/min)			钻尖角 (°)	切削液
			$d_o=3\sim8$ mm	$d_o=8\sim20$ mm	$d_o=20\sim40$mm	$d_o=3\sim8$mm	$d_o=8\sim20$mm	$d_o=20\sim40$mm		
工具钢、热处理钢	850~1200		0.02~0.04	0.04~0.08	0.08~0.12	25~32	30~38	35~40	115~120	非水溶性切削油
	1200~1800		0.02	0.02~0.04		10~15	12~18		115~120	
淬硬钢		≥50 HRC	0.01~0.02	0.02~0.03		8~10	10~12		120~140	
高锰钢 (12%~14%Mn)				0.03~0.05			10~16		120~140	
铸钢	≥700		0.02~0.05	0.05~0.12	0.12~0.18	25~32	30~38	35~40	115~120	
不锈钢			0.08~0.12	0.12~0.2		25~27	27~35		115~120	
耐热钢			0.01~0.05	0.05~0.1		3~6	5~8		115~120	
镍铬钢	1000	300	0.08~0.12	0.12~0.2		35~40	40~45		115~120	
	1400	420	0.04~0.05	0.05~0.08		15~20	20~25			
灰铸铁	≤250		0.04~0.08	0.08~0.16	0.16~0.3	40~60	50~70	60~80	115~120	干切或乳化液
合金铸铁	250~350 350~450		0.02~0.04 0.02~0.04	0.03~0.08 0.03~0.06	0.06~0.16 0.05~0.1	20~40 8~20	25~50 10~25	30~60 12~30	115~120	非水溶性切削油或乳化液
冷硬铸铁	65~85HS		0.01~0.03	0.02~0.04	0.03~0.06	5~8	6~10	8~12	120~140	
可锻铸铁、球墨铸铁			0.03~0.05	0.05~0.1	0.1~0.2	40~45	45~50	50~60	115~120	
黄铜			0.06~0.1	0.1~0.2	0.2~0.3	80~100	90~110	100~120	115~125	干切或乳化液
铸造青铜			0.06~0.08	0.08~0.12	0.12~0.2	50~70	55~75	60~80	115~125	
磷青铜			0.15~0.2	0.2~0.5		50~85	80~85		115~125	
铝合金	≥80		0.06~0.1	0.1~0.18	0.18~0.25	100~120	110~130	120~140	115~120	乳化液或水溶性切削油
硅铝合金 (14%以上Si)			0.03~0.06	0.06~0.08	0.08~0.12	50~60	55~70	60~80	115~120	
硬质纸			0.08~0.12	0.12~0.18	0.18~0.25	60~100	80~120	100~140	90	—
热固性树脂 (加入充填物)			0.04~0.06	0.06~0.12	0.12~0.2	60~80	70~90	80~100	80~130	
玻璃			手进	手进	手进	9~10	10~11	11~12	玻璃锥	煤油、水
陶瓷器			手进	手进	手进	5~8	7~10	9~12	90	
大理石、石板、砖			手进	手进	手进	18~24	21~27	24~30	大理石锥	
硬质岩混凝土			手进	手进	手进	3~5	4~6	5~8	90	水
塑料、胶木			手进	手进	手进	50~55	55~60	60~70	118	—
硬橡胶			0.05~0.06	0.06~0.15	0.12~0.22	18~21	21~24	24~26	60~70	
硬质纤维			0.2~0.4			80~150			140	
酚醛树脂			0.2~0.4			100~120			70~80	
玻璃纤维复合材料			0.063~0.127			198			118~130	
贝壳			手进			30~60			60~70	

注：硬质合金牌号按 ISO 选用 K10 或 K20 对应的国内牌号。

表 2.19 高速钢钻头钻孔时的轴向力

钢 $\sigma_b = 650\text{MPa}$

钻 头 直 径 d_o	进 给 量 f （mm/r）											
	0.10	0.13	0.17	0.22	0.28	0.36	0.47	0.60	0.78	1.0	1.3	1.7
（mm）	轴 向 力 F_f （N）											
10.2	1240	1480	1770	2120	2520	3000	3580	4280	—	—	—	—
12	1480	1770	2120	2520	3000	3580	4280	5120	6090	—	—	—
14.5	1770	2120	2520	3000	3580	4280	5120	6090	7330	8740	—	—
17.5	2120	2520	3000	3580	4280	5120	6090	7330	8740	10420	—	—
21	2520	3000	3580	4280	5120	6090	7330	8740	10420	12360	—	—
25	3000	3580	4280	5120	6090	7330	8740	10420	12360	14830	—	—
30	3580	4280	5120	6090	7330	8740	10420	12360	14830	17660	21190	25160
35	4280	5120	6090	7330	8740	10420	12360	14830	17660	21190	25160	30020
42	—	6090	7330	8740	10420	12360	14830	17660	21190	25160	30020	36200
50	—	7330	8740	10420	12360	14830	17660	21190	25160	30020	36200	42380
60	—	8740	10420	12360	14830	17660	21190	25160	30020	36200	42380	51210

灰铸铁硬度 190HBS；可锻铸铁硬度 150HBS

钻 头 直 径 d_o	进 给 量 f （mm/r）											
	0.17	0.21	0.26	0.33	0.41	0.51	0.64	0.8	1.0	1.3	1.6	2.0
（mm）	轴 向 力 F_f （N）											
12	1230	1470	1760	2110	2500	2990	3580	4270	—	—	—	—
14.5	1470	1760	2110	2500	2900	3580	4270	5100	6080	—	—	—
17.5	1760	2110	2500	2900	3580	4270	5100	6080	7260	8630	—	—
21	2110	2500	2900	3580	4270	5100	6080	7260	8630	10300	—	—
25	2500	2900	3580	4270	5100	6080	7260	8630	10300	12260	14720	—
30	2990	3580	4270	5100	6080	7260	8630	10300	12260	14720	17560	21090
35	3580	4270	5100	6080	7260	8630	10300	12260	14720	17560	21090	25020
42	—	—	—	—	8630	10300	12260	14720	17560	21090	25020	29920
50	—	—	—	—	—	12260	14720	17560	21090	25020	29920	35810
60	—	—	—	—	—	14720	17560	21090	25020	29920	35810	42680

加工条件改变时轴向力的修正系数

加工材料		σ_b （MPa）	400~500	500~600	600~700	700~800	800~900	900~1000	1000~1100	1100~1200	1200~1300
	钢	硬度 HBS	110~140	>140~170	>170~200	>200~230	>230~260	>260~290	>290~320	>320~350	>350~380
		系数 k_{MF}	0.75	0.88	1.0	1.11	1.22	1.33	1.43	1.54	1.63
	灰铸铁	硬度 HBS	<164			164~220			>220		
		系数 k_{MF}	0.85			1.0			1.2		
	可锻铸铁	硬度 HBS	<129			129~172			>172		
		系数 k_{MF}	0.85			1.0			1.2		

（续）

刃磨	刃磨形式	标 准	双横、双横棱
刃磨	系 数 k_{PF}	1.33	1.0
磨损	磨损情况	新 的	磨 钝 了 的
磨损	系 数 k_{wF}	0.9	1.0

表 2.20 高速钢钻头钻钢时的扭矩

钻头直径 d_o (mm)	进 给 量 f (mm/r)											
	0.14	0.17	0.21	0.26	0.33	0.41	0.51	0.64	0.8	1.0	1.3	1.6
	扭 矩 M_c (N·m)											
11.1	7.68	9.18	10.94	13.24	15.89	18.54	22.07	—	—	—	—	—
12.2	9.18	10.94	13.24	15.89	18.54	22.07	26.49	31.78	—	—	—	—
13.3	10.94	13.24	15.89	18.54	22.07	26.49	31.78	37.96	—	—	—	—
14.5	13.24	15.89	18.54	22.07	26.49	31.78	37.96	45.03	—	—	—	—
16	15.89	18.54	22.07	26.49	31.78	37.96	45.03	53.86	—	—	—	—
17.5	18.54	22.07	26.49	31.78	37.96	45.03	53.86	64.45	—	—	—	—
19	22.07	26.49	31.78	37.96	45.03	53.86	64.45	76.81	—	—	—	—
21	26.49	31.78	37.96	45.03	53.86	64.45	76.81	91.8	109.4	—	—	—
22.5	31.78	37.96	45.03	53.86	64.45	76.81	91.8	109.4	130.7	—	—	—
25	37.96	45.03	53.86	64.45	76.81	91.8	109.4	130.7	156.3	—	—	—
27	45.03	53.86	64.45	76.81	91.8	109.4	130.7	156.3	185.4	—	—	—
30	53.86	64.45	76.81	91.8	109.4	130.7	156.3	185.4	220.7	264.9	317.8	379.7
32	64.45	76.81	91.8	109.4	130.7	156.3	185.4	220.7	264.9	317.8	379.7	450.3
35	76.81	91.8	109.4	130.7	156.3	185.4	220.7	264.9	317.8	379.7	450.3	538.6
38	—	—	—	—	185.4	220.7	264.9	317.8	379.7	450.3	538.6	644.5
42	—	—	—	—	—	264.9	317.8	379.7	450.3	538.6	644.5	768.1
46	—	—	—	—	—	—	379.7	450.3	538.6	644.5	768.1	918.2
50	—	—	—	—	—	—	450.3	538.6	644.5	768.1	918.2	1095
55	—	—	—	—	—	—	—	644.5	768.1	918.2	1095	1307
60	—	—	—	—	—	—	—	768.1	918.2	1095	1307	1563

加工条件改变时扭矩的修正系数

加工材料	钢	σ_b (MPa)	400~500	500~600	600~700	700~800	800~900	900~1000	1000~1100	1100~1200	1200~1300
		硬度 HBS	110~140	>140~170	>170~200	>200~230	>230~260	>260~290	>290~320	>320~350	>350~380
	系 数 k_{MM}		0.75	0.88	1.0	1.11	1.22	1.33	1.43	1.54	1.63
磨损	磨 损 情 况		新 的				磨 钝 了 的				
磨损	系 数 k_{wM}		0.87				1.0				

表 2.21 高速钢钻头钻铸铁时的扭矩

钻头直径 $d_。$	进 给 量 f （mm/r）											
	0.17	0.21	0.26	0.33	0.41	0.51	0.64	0.8	1.0	1.3	1.6	2.0
（mm）	扭 矩 M_c （N·m）											
11.1	6.18	7.35	8.82	10.49	12.55	15	17.85	21.58	—	—	—	—
12.2	7.35	8.82	10.49	12.55	15	17.85	21.58	25.5	30.41	—	—	—
13.3	8.82	10.49	12.55	15	17.85	21.58	25.5	30.41	36.29	—	—	—
14.5	10.49	12.55	15	17.85	21.58	25.5	30.41	36.29	43.16	—	—	—
16	12.55	15	17.85	21.58	25.5	30.41	36.29	43.16	51.99	—	—	—
17.5	15	17.85	21.58	25.5	30.41	36.29	43.16	51.99	61.8	73.57	—	—
19	17.85	21.58	25.5	30.41	36.21	43.16	51.99	61.8	73.57	88.29	104.96	—
21	21.58	25.5	30.41	36.29	43.16	51.99	61.8	73.57	88.29	104.96	125.56	—
22.5	25.5	30.41	36.29	43.16	51.99	61.8	73.57	88.29	104.96	125.56	150	—
25	30.41	36.29	43.16	51.99	61.8	73.57	88.29	104.96	125.56	150	178.54	215.82
27	36.29	43.16	51.99	61.8	73.57	88.29	104.96	125.56	150	178.54	215.82	255
30	43.16	51.99	61.8	73.57	88.29	104.96	125.56	150	178.54	215.82	255	304.1
32	51.99	61.8	73.57	88.29	104.96	125.56	150	178.54	215.82	255	304.1	362.9
35	61.8	73.57	88.29	104.96	125.56	150	178.54	215.82	255	304.1	362.9	431.6
38	—	—	—	125.56	150	178.54	215.82	255	304.1	362.9	431.6	519.9
42	—	—	—	178.54	215.82	255	304.1	362.9	431.6	519.9	618
46	—	—	—	—	255	304.1	362.9	431.6	519.9	618	735.7
50	—	—	—	—	304.1	362.9	431.6	519.9	618	735.7	883
55	—	—	—	—	—	431.6	519.9	618	735.7	883	1049
60	—	—	—	—	—	519.9	618	735.7	883	1049	1255

加工材料改变时扭矩的修正系数

灰 铸 铁	硬 度 HBS	<164	164～220	>220
	系 数 k_{MM}	0.85	1.0	1.2
可锻铸铁	硬 度 HBS	<129	129～172	>172
	系 数 k_{MM}	0.85	1.0	1.2

表 2.22　高速钢钻头钻钢时消耗的功率

钢的强度 $\dfrac{\sigma_b\,(\text{MPa})}{\text{HBS}}$								钻头直径
<400	400~470	480~560	570~680	690~820	830~980	990~1200	d_o
<114	114~135	137~160	163~194	197~234	237~280	283~343	(mm)
						6.6	6.6
					7.5	7.5	7.5
				8.7	8.7	8.7	8.7
			10	10	10	10	10
		11.4	11.4	11.4	11.4	11.4	11.4
13.2		13.2	13.2	13.2	13.2	13.2	13.2
15	13.2	15	15	15	15	15	15
17.4	15	17.4	17.4	17.4	17.4	17.4	17.4
20	17.4	20	20	20	20	20	20
23	20	23	23	23	23	23	23
26.5	23	26.5	26.5	26.5	26.5	26.5	26.5
30	26.5	30	30	30	30	30	30
34.5	30	34.5	34.5	34.5	34.5	34.5	34.5
40	34.5	40	40	40	40	40	40
46	40	46	46	46	46	46	46
52	46	52	52	52	52	52	52
60	52	60	60	60	60	60	60
	60						60

进给量 f (mm/r)

d_o												
15	0.38	0.45	0.53	0.75	—							
17.4	0.32	0.38	0.45	0.53	0.63	0.75						
20	0.27	0.32	0.38	0.45	0.53	0.63	0.75	0.9				
23	0.22	0.27	0.32	0.38	0.45	0.53	0.63	0.75	0.9			
26.5	0.19	0.22	0.27	0.32	0.38	0.45	0.53	0.63	0.75	0.9		
30		0.19	0.22	0.27	0.32	0.38	0.45	0.53	0.63	0.75	0.9	
34.5			0.22	0.27	0.32	0.38	0.45	0.53	0.63	0.75	0.9	
40				0.22	0.27	0.32	0.38	0.45	0.53	0.63	0.75	0.91 1.06
46				0.22	0.27	0.32	0.38	0.45	0.53	0.63	0.75	0.91 1.06 1.25
52					0.22	0.27	0.32	0.38	0.45	0.53	0.63	0.75 0.91 1.06 1.25
60						0.22	0.27	0.32	0.38	0.45	0.53	0.63 0.75 0.9

切削速度 v_c (m/min)

10	11.5	13.2	15.1	17.4	20	23	26.4	30	35	40	46

功率 P_c (kW)

							1.1	1.3	1.5	1.7	1.9	2.2	2.5	2.9	3.3	3.8	4.4	5.0	5.8	6.6
						1.1	1.3	1.5	1.7	1.9	2.2	2.5	2.9	3.3	3.8	4.4	5.0	5.8	6.6	7.6
					1.1	1.3	1.5	1.7	1.9	2.2	2.5	2.9	3.3	3.8	4.4	5.0	5.8	6.6	7.6	8.7
				1.1	1.3	1.5	1.7	1.9	2.2	2.5	2.9	3.3	3.8	4.4	5.0	5.8	6.6	7.6	8.7	10
			1.1	1.3	1.5	1.7	1.9	2.2	2.5	2.9	3.3	3.8	4.4	5.0	5.8	6.6	7.6	8.7	10	11.5
		1.1	1.3	1.5	1.7	1.9	2.2	2.5	2.9	3.3	3.8	4.4	5.0	5.8	6.6	7.6	8.7	10	11.5	13.2
	1.1	1.3	1.5	1.7	1.9	2.2	2.5	2.9	3.3	3.8	4.4	5.0	5.8	6.6	7.6	8.7	10	11.5	13.2	15
1.1	1.3	1.5	1.7	1.9	2.2	2.5	2.9	3.3	3.8	4.4	5.0	5.8	6.6	7.6	8.7	10	11.5	13.2	15	
1.3	1.5	1.7	1.9	2.2	2.5	2.9	3.3	3.8	4.4	5.0	5.8	6.6	7.6	8.7	10	11.5	13.2	15		
1.5	1.7	1.9	2.2	2.5	2.9	3.3	3.8	4.4	5.0	5.8	6.6	7.6	8.7	10	11.5	13.2	15			
1.7	1.9	2.2	2.5	2.9	3.3	3.8	4.4	5.0	5.8	6.6	7.6	8.7	10	11.5	13.2	15				

表2.23　高速钢钻头钻灰铸铁时消耗的功率

进给量 f (mm/r)

灰铸铁硬度 HBS			进给量 f (mm/r)												
<170	170~213	>213	0.32	0.38	0.45	0.53	0.63	0.75	0.9	1.06	1.25	1.5	1.8	2.1	2.5
钻头直径 d_o (mm)															
11.5	10.0	8.7	0.32	0.38	0.45	0.53	—	—	—	—	—	—	—	—	—
13.2	11.5	10.0	0.32	0.38	0.45	0.53	0.63	—	—	—	—	—	—	—	—
15.0	13.2	11.5	0.32	0.38	0.45	0.53	0.63	0.75	—	—	—	—	—	—	—
17.4	15.0	13.2	0.32	0.38	0.45	0.53	0.63	0.75	0.9	—	—	—	—	—	—
20	17.4	15.0	0.32	0.38	0.45	0.53	0.63	0.75	0.9	1.06	—	—	—	—	—
23	20	17.4	0.32	0.38	0.45	0.53	0.63	0.75	0.9	1.06	1.25	—	—	—	—
26.5	23	20	—	0.38	0.45	0.53	0.63	0.75	0.9	1.06	1.25	1.5	—	—	—
30	26.5	23	—	—	0.45	0.53	0.63	0.75	0.9	1.06	1.25	1.5	1.8	—	—
34.5	30	26.5	—	—	—	0.53	0.63	0.75	0.9	1.06	1.25	1.5	1.8	2.1	—
40	34.5	30	—	—	—	—	0.63	0.75	0.9	1.06	1.25	1.5	1.8	2.1	—
46	40	34.5	—	—	—	—	—	—	0.9	1.06	1.25	1.5	1.8	2.1	—
52	46	40	—	—	—	—	—	—	—	1.06	1.25	1.5	1.8	2.1	2.5
60	52	46	—	—	—	—	—	—	—	—	1.25	1.5	1.8	2.1	2.5
—	60	52	—	—	—	—	—	—	—	—	—	1.5	1.8	2.1	2.5
—	—	60	—	—	—	—	—	—	—	—	—	—	1.8	2.1	2.5

切削功率 P_c (kW)

切削速度 v_c (m/min)	切削功率 P_c (kW)												
	0.32	0.38	0.45	0.53	0.63	0.75	0.9	1.06	1.25	1.5	1.8	2.1	2.5
10	1.0	1.1	1.3	1.5	1.7	2.0	2.3	2.6	3.0	3.5	4.0	4.6	5.3
11.5	1.1	1.3	1.5	1.7	2.0	2.3	2.6	3.0	3.5	4.0	4.6	5.3	6.1
13.2	1.3	1.5	1.7	2.0	2.3	2.6	3.0	3.5	4.0	4.6	5.3	6.1	7.0
15.1	1.5	1.7	2.0	2.3	2.6	3.0	3.5	4.0	4.6	5.3	6.1	7.0	8.0
17.4	1.7	2.0	2.3	2.6	3.0	3.5	4.0	4.6	5.3	6.1	7.0	8.0	9.2
20	2.0	2.3	2.6	3.0	3.5	4.0	4.6	5.3	6.1	7.0	8.0	9.2	10.5
23	2.3	2.6	3.0	3.5	4.0	4.6	5.3	6.1	7.0	8.0	9.2	10.5	12
26.4	2.6	3.0	3.5	4.0	4.6	5.3	6.1	7.0	8.0	9.2	10.5	12	14
30	3.0	3.5	4.0	4.6	5.3	6.1	7.0	8.0	9.2	10.5	12	14	16
35	3.5	4.0	4.6	5.3	6.1	7.0	8.0	9.2	10.5	12	14	16	—
40	4.0	4.6	5.3	6.1	7.0	8.0	9.2	10.5	12	14	16	—	—
46	4.6	5.3	6.1	7.0	8.0	9.2	10.5	12	14	16	—	—	—

表 2.24 高速钢铰刀铰孔时的切削用量（参考值）

加 工 材 料	硬 度	铰刀直径 d_o (mm)	切削深度 a_p (mm)	进 给 量 f (mm/r)	切削速度 v_c (m/min)	切 削 液
钢、铸钢	软	<5 5~20 20~50 >50	0.05~0.1 0.1~0.15 0.15~0.25 0.25~0.5	0.2~0.3 0.3~0.5 0.5~0.6 0.6~1.2	7~10	非水溶性切削油、含硫极压切削油
	中	<5 5~20 20~50 >50	0.05~0.1 0.1~0.15 0.15~0.25 0.25~0.5	0.2~0.3 0.3~0.5 0.5~0.6 0.6~1.2	5~7	
	硬	<5 5~20 20~50 >50	0.05~0.1 0.1~0.15 0.15~0.25 0.25~0.5	0.2~0.3 0.3~0.5 0.5~0.6 0.6~1.2	3~5	
特殊合金、锻钢	软	<5 5~20 20~50 >50	0.05~0.1 0.1~0.15 0.15~0.25 0.25~0.5	0.1~0.2 0.2~0.4 0.4~0.5 0.5~0.8	3~5	非水溶性切削油
	硬	<5 5~20 20~50 >50	0.05~0.1 0.1~0.15 0.15~0.25 0.25~0.5	0.1~0.2 0.2~0.4 0.4~0.5 0.5~0.8	2~3	
铸 铁	软	<5 5~20 20~50 >50	0.05~0.1 0.1~0.15 0.15~0.25 0.25~0.5	0.3~0.5 0.5~1.0 1.0~1.5 1.5~3.0	8~14	干切
	硬	<5 5~20 20~50 >50	0.05~0.1 0.1~0.15 0.15~0.25 0.25~0.5	0.3~0.5 0.5~1.0 1.0~1.5 1.5~3.0	4~8	
可锻铸铁、青铜	软	<5 5~20 20~50 >50	0.05~0.1 0.1~0.15 0.15~0.25 0.25~0.5	0.2~0.3 0.3~0.5 0.5~0.6 0.6~1.2	5~8	煤油、水溶性切削油
	硬	<5 5~20 20~50 >50	0.05~0.1 0.1~0.15 0.15~0.25 0.25~0.5	0.2~0.3 0.3~0.5 0.5~0.6 0.6~1.2	3~5	
黄铜		<5 5~20 20~50 >50	0.05~0.1 0.1~0.15 0.15~0.25 0.25~0.5	0.3~0.5 0.5~1.0 1.0~1.5 1.5~3.0	10~18	矿物油、植物油

（续）

加 工 材 料	硬 度	铰刀直径 d_o (mm)	切削深度 a_p (mm)	进 给 量 f (mm/r)	切削速度 v_c (m/min)	切 削 液
镁、镁合金		<5 5~20 20~50 >50	0.05~0.1 0.1~0.15 0.15~0.25 0.25~0.5	0.4~0.5 0.5~1.2 1.2~2.0 2.0~3.0	8~15	矿物油
铝、铝合金	软	<5 5~20 20~50 >50	0.05~0.1 0.1~0.15 0.15~0.25 0.25~0.5	0.3~0.5 0.5~1.0 1.0~1.5 1.5~3.0	14~16	煤 油
	中	<5 5~20 20~50 >50	0.05~0.1 0.1~0.15 0.15~0.25 0.25~0.5	0.3~0.5 0.5~1.0 1.0~1.5 1.5~3.0	10~14	
	硬	<5 5~20 20~50 >50	0.05~0.1 0.1~0.15 0.15~0.25 0.25~0.5	0.3~0.5 0.5~1.0 1.0~1.5 1.5~3.0	8~10	

表 2.25　硬质合金铰刀铰孔时的切削用量（参考值）

加 工 材 料	抗拉强度 σ_b (MPa)	硬 度 HBS	铰刀直径 d_o (mm)	切削深度 a_p (mm)	进 给 量 f (mm/r)	切削速度 v_c (m/min)	切削液
钢	≤1000	—	<10 10~25 25~40 >40	0.02~0.05 0.05~0.12 0.12~0.2 0.2~0.4	0.15~0.25 0.2~0.4 0.3~0.5 0.4~0.8	8~12	水溶性切削油
	1000~1400	—	<10 10~25 25~40 >40	0.02~0.05 0.05~0.12 0.12~0.2 0.2~0.4	0.12~0.2 0.15~0.3 0.2~0.4 0.3~0.6	6~10	
铸 钢	400~500	—	<10 10~25 25~40 >40	0.02~0.05 0.05~0.12 0.12~0.2 0.2~0.4	0.15~0.25 0.2~0.4 0.3~0.5 0.4~0.8	8~12	
	500~700	—	<10 10~25 25~40 >40	0.02~0.05 0.05~0.12 0.12~0.2 0.2~0.4	0.12~0.2 0.15~0.3 0.2~0.4 0.3~0.6	6~10	

（续）

加 工 材 料	抗拉强度 σ_b （MPa）	硬 度 HBS	铰刀直径 d_o （mm）	切削深度 a_p （mm）	进给量 f （mm/r）	切削速度 v_c （m/min）	切削液
铸 铁	—	≤200	<10 10～25	0.03～0.06 0.06～0.15	0.2～0.3 0.3～0.5	8～12	干
			25～40 >40	0.15～0.25 0.25～0.5	0.4～0.7 0.5～1.0	10～15	
	—	>200	<10 10～25	0.03～0.06 0.06～0.15	0.15～0.25 0.2～0.4	6～10	
			25～40 >40	0.15～0.25 0.25～0.5	0.3～0.5 0.4～0.8	8～12	切
球墨铸铁、可锻铸铁	—	—	<10 10～25 25～40 >40	0.02～0.05 0.05～0.12 0.12～0.2 0.2～0.4	0.15～0.2 0.2～0.45 0.3～0.5 0.4～0.8	8～12	
铜	—	—	<10 10～25	0.04～0.08 0.08～0.2	0.3～0.5 0.4～0.8	20～30	水溶性切削油
			25～40 >40	0.2～0.3 0.3～0.6	0.5～1.0 0.6～1.2	25～40	
黄铜、铸造黄铜	—	—	<10 10～25	0.03～0.06 0.06～0.15	0.2～0.3 0.3～0.5	15～25	干
			25～40 >40	0.15～0.25 0.25～0.5	0.4～0.7 0.5～1.0	20～30	切
铝 合 金	—	—	<10 10～25	0.03～0.06 0.06～0.15	0.2～0.3 0.3～0.5	15～25	水溶性切削油
			25～40 >40	0.15～0.25 0.25～0.5	0.4～0.7 0.5～1.0	20～30	
热固性树脂（加入填充材料）	—	—	<10 10～25	0.04～0.08 0.08～0.2	0.3～0.6 0.4～0.8	15～25	干
			25～40 >40	0.2～0.3 0.3～0.6	0.5～1.0 0.6～1.2	20～30	切

注：1. 硬质合金牌号按 ISO 选用 K20（加工铜、铜合金、铝合金）或 K10（加工其余材料）对应的国内牌号。

2. 粗铰（R_a 3.2～1.6μm）钢和灰铸铁时，切削速度也可增至 60～80m/min。

表 2.26　硬质合金枪铰刀铰孔的切削用量

工件材料		$\phi4\sim\phi6$		$\phi6\sim\phi8$		$\phi8\sim\phi10$		$\phi10\sim\phi15$		$\phi15$ 以上	
		切　削　用　量									
		v_c (m/min)	f (mm/r)	v_c (m/min)	f (mm/r)	v_c (m/min)	f (mm/r)	v_c (m/min)	f (mm/r)	v_c (m/min)	f (mm/r)
普通铸铁		40	0.03	40	0.04	40	0.04	50	0.05	50	0.05
球墨铸铁	QT500-5	40	0.03	40	0.04	40	0.04	50	0.05	50	0.05
	QT600-2 QT700-2	30	0.02	30	0.03	30	0.03	40	0.04	40	0.04
烧结合金		30	0.02	30	0.03	30	0.03	40	0.04	40	0.04
铝合金		80	0.02	90	0.03	100	0.03	120	0.04	140	0.04
铜合金		60	0.02	70	0.03	80	0.03	100	0.04	100	0.04

表 2.27　金刚石枪铰刀铰孔的切削用量

工件材料	切削速度 v_c (m/min)	进给量 f (mm/r)		
		$d_o<10mm$	$d_o=10\sim20mm$	$d_o=20\sim30mm$
铝合金	$100\sim200$	$0.02\sim0.04$	$0.03\sim0.06$	$0.04\sim0.07$
铜合金	$80\sim180$	$0.02\sim0.04$	$0.03\sim0.06$	$0.04\sim0.07$

表 2.28　立方氮化硼枪铰刀铰孔的切削用量

工件材料	切削速度 v_c (m/min)	进给量 f (mm/r)		
		$d_o<10mm$	$d_o=10\sim20mm$	$d_o=20\sim30mm$
普通铸铁	$80\sim150$	$0.02\sim0.04$	$0.03\sim0.05$	$0.04\sim0.06$

表 2.29　钻孔时的入切量和超切量

加工性质		钻头直径 d_o (mm)											
		3	5	10	15	20	25	30	40	50	60	70	80
		入切量及超切量 $y+\Delta$ (mm)											
钻通孔	标准钻头	2	2.5	5	7	8	10	12	15	18	23	—	—
	双锥磨法	—	—	6	8	10	12	15	18	22	27	—	—
钻孔至挡块		1.5	2	4	6	7	9	11	14	17	21	—	—

四、钻、扩、铰削用量的计算公式

表 2.30 钻、扩和铰孔时切削速度的计算公式

计 算 公 式

$$v_c = \frac{C_v d_o^{z_v}}{T^m a_p^{x_v} f^{y_v}} k_v \quad (v_c \text{的单位：m/min})$$

公 式 中 的 系 数 和 指 数

加工类型	刀 具 材 料	进给量 f (mm/r)	公 式 中 的 系 数 和 指 数				
			C_v	z_v	x_v	y_v	m
加工碳素结构钢及合金结构钢，$\sigma_b = 650\text{MPa}$							
钻 孔	高速钢（用切削液）	≤0.2	4.8	0.4	0	0.7	0.2
		>0.2	6.6			0.5	
扩 钻	高速钢（用切削液）	—	11.1	0.4	0.2	0.5	0.2
	YG8（用切削液）		8.0	0.6	0.2	0.3	0.25
扩 孔	高速钢（用切削液）		18.6	0.3	0.2	0.5	0.3
	YT15（用切削液）		16.5	0.6	0.2	0.3	0.25
铰 孔	高速钢（用切削液）		12.1	0.3	0.2	0.65	0.4
	YT15（用切削液）		115.7	0.3	0	0.65	0.7
加工淬硬钢，$\sigma_b = 1600 \sim 1800\text{MPa}$，49～54HRC							
扩 孔	YT15（用切削液）	—	10	0.6	0.3	0.6	0.45
铰 孔			14	0.4	0.75	1.05	0.85
加工不锈钢 1Cr18Ni9Ti，硬度 141HBS							
钻 孔	高速钢（用切削液）	—	3.57	0.5	0	0.45	0.12
加工灰铸铁，硬度 190HBS							
钻 孔	高速钢（不用切削液）	≤0.3	9.5	0.25	0	0.55	0.125
		>0.3	11.1			0.4	
	YG8（不用切削液）	—	22.2	0.45	0	0.3	0.2
扩 钻	高速钢（不用切削液）	—	15.2	0.25	0.1	0.4	0.125
	YG8（不用切削液）		37	0.5	0.15	0.45	0.4
扩 孔	高速钢（不用切削液）		18.8	0.2	0.1	0.4	0.125
	YG8（不用切削液）		68.2	0.4	0.15	0.45	0.4
铰 孔	高速钢（不用切削液）		15.6	0.2	0.1	0.5	0.3
	YG8（不用切削液）		109		0		0.45

（续）

加工类型	刀具材料	进给量 f (mm/r)	公式中的系数和指数				
			C_v	z_v	x_v	y_v	m
加工可锻铸铁，150HBS							
钻孔	高速钢（用切削液）	≤0.3	14.1	0.25	0	0.55	0.125
		>0.3	16.4			0.4	
	YG8（不用切削液）	—	26.2	0.45	0	0.3	0.2
扩钻	高速钢（用切削液）	—	22.4	0.25	0.1	0.4	0.125
	YG8（不用切削液）		50.3	0.5	0.15	0.45	0.4
扩孔	高速钢（用切削液）	—	27.9	0.2	0.1	0.4	0.125
	YG8（不用切削液）		93	0.4	0.15	0.45	0.4
铰孔	高速钢（用切削液）	—	23.2	0.2	0.1	0.5	0.3
	YG8（不用切削液）		148		0		0.45
加工铜合金							
钻孔（加工中等硬度非均质铜合金硬度100~140HBS）	高速钢（不用切削液）	≤0.3	28.1	0.25	0	0.55	0.125
		>0.3	32.6			0.4	
扩孔 加工中等硬度青铜	高速钢（不用切削液）	—	56	0.2	0.1	0.4	0.125
加工高硬度青铜	高速钢（不用切削液）	—	28	0.2	0.1	0.4	0.125
加工黄铜		—	48	0.3	0.2	0.5	0.3
加工铝硅合金及铸造铝合金，$\sigma_b=100~200$MPa，硬度≤65HBS；硬铝，$\sigma_b=300~400$MPa，硬度≤100HBS							
钻孔	高速钢（不用切削液）	≤0.3	36.3	0.25	0	0.55	0.125
		>0.3	40.7			0.4	
扩孔	高速钢（不用切削液）	—	80	0.3	0.2	0.5	0.3

注：加工条件改变时切削速度的修正系数见表2.31。

表2.31 钻、扩及铰孔时使用条件改变时切削速度的修正系数

（一）用高速钢钻头及扩孔钻加工

1. 与刀具寿命有关

		实际寿命/标准寿命 = $\dfrac{T_R}{T}$	0.25	0.5	1	2	4	6	8	10	12	18	24
系数 k_{Tv}	加工钢及铝合金	钻、扩钻	1.32	1.15	1.0	0.87	0.76	0.70	0.66	0.63	0.61	0.56	0.53
		扩孔	1.51	1.23	1.0	0.81	0.66	0.58	0.53	0.50	0.47	0.42	0.39
	加工铸铁及铜合金	钻、扩钻、扩孔	1.2	1.09	1.0	0.91	0.84	0.79	0.76	0.75	0.73	0.69	0.66

2．与加工材料有关

加工材料的名称	材料牌号	钢 及 铝 合 金 的 力 学 性 能											
		硬 度 HBS											
		—	—	—	110~140	>140~170	>170~200	>200~230	>230~260	>260~290	>290~320	>320~350	>350~380
		σ_b（MPa）											
		100~200	>200~300	>300~400	>400~500	>500~600	>600~700	>700~800	>800~900	>900~1000	>1000~1100	>1100~1200	>1200~1300
		修正系数 k_{Mv}											
易切削钢	Y12、Y15、Y20、Y30、Y35	—	—	—	0.87	1.39	1.2	1.06	0.94	—	—	—	—
结构碳钢（$w_C \leqslant 0.6\%$）	08、10、15、20、25、30、35、40、45、50、55、60	—	—	0.57	0.72	1.16	1.0	0.88	0.78	—	—	—	—
铬　钢 镍　钢 镍铬钢	15Cr、20Cr、30Cr、35Cr、40Cr、45Cr、50Cr、25Ni、30Ni、12Cr2Ni4、20Cr2Ni4、20CrNi3A、37CrNi3A	—	—	—	—	1.04	0.9	0.79	0.70	0.64	0.58	0.54	0.49
碳工具钢及结构碳钢（$w_C > 0.6\%$）	T8、T8A、T9、T9A、T10、T10A、T12、T12A、T13、T13A、T8Mn、T8MnA、T10Mn、T10MnA	—	—	—	—	—	0.8	0.7	0.62	0.57	0.52	0.48	—
镍铬钨钢及与它近似的钢	18CrNiWA、25CrNiWA、18Cr2Ni4MoA、18CrNiMoA、20CrNiVA、45CrNiMoVA												
锰　钢	15Mn、20Mn、30Mn、40Mn、50Mn、60Mn、65Mn、70Mn、10Mn2、30Mn2、35Mn2、40Mn2、45Mn2、50Mn2	—	—	—	—	0.82	0.7	0.62	0.55	0.5	0.46	0.42	0.39
铬钼钢及与它近似的钢	12CrMo、20CrMo、30CrMo、35CrMo、38CrMoAlA、35CrAlA、32CrNiMo、40CrNiMoA												

72

（续）

加工材料的名称	材料牌号	钢 及 铝 合 金 的 力 学 性 能											
		硬 度 HBS											
		—	—	—	110~140	>140~170	>170~200	>200~230	>230~260	>260~290	>290~320	>320~350	>350~380
		σ_b（MPa）											
		100~200	>200~300	>300~400	>400~500	>500~600	>600~700	>700~800	>800~900	>900~1000	>1000~1100	>1100~1200	>1200~1300
		修正系数 k_{Mv}											
铬锰钢及与它近似的钢	15CrMn、20CrMn、40CrMn、40Cr2Mn、55CrMn2、33CrSi、37CrSi、35SiMn、30CrMnSi、35CrMnSi	—	—	—	—	0.82	0.7	0.62	0.55	0.5	0.46	0.42	0.39
高速工具钢	W18Cr4V	—	—	—	—	—	0.6	0.53	0.47	0.43	0.39	0.36	0.33
铝硅合金、铸铝合金	—	1.0	0.8	—	—								
硬铝	—	—	1.2	1.0	0.8								

材料名称	材料牌号	铸铁及铜合金硬度 HBS												
		35~65	70~80	60~80	60~90	70~90	100~120	120~140	140~160	160~180	180~200	200~220	220~240	240~260
		修 正 系 数 k_{Mv}												
灰铸铁	HT100 HT150 HT200 HT250 HT300 HT350	—	—	—	—	—	—	—	1.36	1.16	1.0	0.88	0.78	0.70
可锻铸铁	KTH300－06 KTH330－08 KTH350－10 KTH370－12	—	—	—	—	—	1.5	1.2	1.0	0.85	0.74	—	—	—

材料名称		材料牌号	铸铁及铜合金硬度 HBS												
			35~65	70~80	60~80	60~90	70~90	100~120	120~140	140~160	160~180	180~200	200~220	220~240	240~260
			修正系数 k_{Mv}												
铜合金	非均质合金	高硬度的 ZCuA18Mn13Fe3 - Ni2 及其它	—	—	—	—	—	—	—	0.70	0.70	0.70	—	—	—
		中等硬度的 QA19-4、HSi80-3及其它	—	—	—	—	—	1.0	1.0	—	—	—	—	—	—
	非均质铅合金	ZCuSn10Pb5、ZCuZn38Mn2Pb2及其它	—	—	—	—	1.7	—	—	—	—	—	—	—	—
	均质合金	QA17、QSn6.5-0.1及其它	—	—	—	2	—	—	—	—	—	—	—	—	—
	含铅<10%的均质合金	ZCuSn5Pb5Zn5、QSn4-4-2.5及其它	—	—	4	—	—	—	—	—	—	—	—	—	—
	铜	Cu-4、Cu-5	—	8	—	—	—	—	—	—	—	—	—	—	—
	含铅>10%的合金	ZCuPb17Sn4Zn4、ZCuPb30及其它	12	—	—	—	—	—	—	—	—	—	—	—	—

3．与钻孔时钢料状态有关

钢料状态	轧材及已加工的孔		热处理			铸件，冲压（扩孔用）	
	冷拉的	热轧的	正火	退火	调质	未经过酸蚀的	经过酸蚀的
系数 k_{Sv}	1.1	1.0	0.95	0.9	0.8	0.75	0.95

4．与扩孔时加工表面的状态有关

加工表面状态	已加工的孔	铸孔 $\dfrac{a_{pR}}{a_p} \geqslant 3$
系数 k_{Wv}	1.0	0.75

5．与刀具材料有关

刀具材料牌号	W18Cr4V，W6Mo5Cr4V2	9CrSi
系数 k_{tv}	1.0	0.6

6．与钻头刃磨形状有关

刃磨形状		双横	标准
系数 k_{xv}	加工钢及铝合金	1.0	0.87
	加工铸铁及铜合金	1.0	0.84

（续）

<table>
<tr><td colspan="6" align="center">7. 与钻孔深度有关</td></tr>
<tr><td>孔深（以钻头直径为单位）</td><td>≤3d_o</td><td>4d_o</td><td>5d_o</td><td>6d_o</td><td>8d_o</td><td>10d_o</td></tr>
<tr><td>系 数 k_{1v}</td><td>1.0</td><td>0.85</td><td>0.75</td><td>0.7</td><td>0.6</td><td>0.5</td></tr>
</table>

<table>
<tr><td colspan="4" align="center">8. 与扩孔的切削深度有关</td></tr>
<tr><td colspan="2">$\dfrac{实际切削深度}{标准切削深度}=\dfrac{a_{pR}}{a_p}$</td><td>0.5</td><td>1.0</td><td>2.0</td></tr>
<tr><td rowspan="2">系 数
k_{apv}</td><td>加工钢及铝合金</td><td>1.15</td><td>1.0</td><td>0.87</td></tr>
<tr><td>加工铸铁及铜合金</td><td>1.08</td><td>1.0</td><td>0.93</td></tr>
</table>

（二）用硬质合金钻头和扩孔钻加工

1. 与刀具寿命有关

<table>
<tr><td colspan="2">$\dfrac{实际寿命}{标准寿命}=\dfrac{T_R}{T}$</td><td>0.25</td><td>0.5</td><td>1</td><td>2</td><td>4</td><td>6</td><td>8</td><td>10</td><td>12</td><td>18</td><td>24</td></tr>
<tr><td rowspan="2">系 数
K_{Tv}</td><td>加工钢</td><td>1.41</td><td>1.19</td><td>1.0</td><td>0.84</td><td>0.71</td><td>0.64</td><td>0.60</td><td>0.56</td><td>0.54</td><td>0.49</td><td>0.45</td></tr>
<tr><td>加工铸铁</td><td>1.74</td><td>1.32</td><td>1.0</td><td>0.76</td><td>0.57</td><td>0.49</td><td>0.43</td><td>0.40</td><td>0.37</td><td>0.31</td><td>0.28</td></tr>
</table>

2. 与加工材料有关

<table>
<tr><td rowspan="3">加工材料名称</td><td colspan="10" align="center">钢 的 力 学 性 能</td></tr>
<tr><td>硬 度 HBS</td><td>|</td><td>110~140</td><td>>140~170</td><td>>170~200</td><td>>200~230</td><td>>230~260</td><td>>260~290</td><td>>290~320</td><td>>320~350</td><td>>350~380</td></tr>
<tr><td>σ_b（MPa）</td><td>300~400</td><td>>400~500</td><td>>500~600</td><td>>600~700</td><td>>700~800</td><td>>800~900</td><td>>900~1000</td><td>>1000~1100</td><td>>1100~1200</td><td>>1200~1300</td></tr>
<tr><td></td><td colspan="11" align="center">修 正 系 数 k_{Mv}</td></tr>
<tr><td>易切削钢、碳钢、铬钢、镍铬钢</td><td></td><td>1.74</td><td>1.39</td><td>1.16</td><td>1.0</td><td>0.88</td><td>0.78</td><td>0.71</td><td>0.65</td><td>0.6</td><td>0.55</td></tr>
<tr><td>碳素工具钢、锰钢、铬镍钨钢、铬钼钢、铬锰钢</td><td></td><td>1.3</td><td>1.04</td><td>0.87</td><td>0.75</td><td>0.66</td><td>0.58</td><td>0.53</td><td>0.49</td><td>0.45</td><td>0.41</td></tr>
</table>

<table>
<tr><td rowspan="2">加工材料名称</td><td colspan="7" align="center">铸 铁 硬 度 HBS</td></tr>
<tr><td>100~120</td><td>120~140</td><td>140~160</td><td>160~180</td><td>180~200</td><td>200~220</td><td>220~240</td><td>240~260</td></tr>
<tr><td></td><td colspan="8" align="center">修 正 系 数 k_{Mv}</td></tr>
<tr><td>灰 铸 铁</td><td>—</td><td>—</td><td>—</td><td>1.15</td><td>1.0</td><td>0.88</td><td>0.70</td><td>0.70</td></tr>
<tr><td>可 锻 铸 铁</td><td>1.5</td><td>1.2</td><td>1.0</td><td>0.85</td><td>0.74</td><td>—</td><td>—</td><td>—</td></tr>
</table>

（续）

3．与毛坯的表面状态有关

表 面 状 态	无 外 皮	铸 造 外 皮
系 数 k_{Sv}	1.0	0.8

4．与刀具材料有关

刀 具 材 料	加 工 钢		加 工 铸 铁		
	YT15	YT5	YG8	YG6	YG3
系 数 k_{tv}	1.0	0.65	1.0	1.2	1.3～1.4

5．与使用切削液有关

工 作 条 件	加 工 钢		加 工 铸 铁	
	加 切 削 液	不 加 切 削 液	不 加 切 削 液	加 切 削 液
系 数 k_{ov}	1.0	0.7	1.0	1.2～1.3

6．与钻孔深度有关

孔深（以钻头直径为单位）	$\leqslant 3d_o$	$4d_o$	$5d_o$	$6d_o$	$10d_o$
系 数 k_{1v}	1.0	0.85	0.75	0.6	0.5

7．与扩孔的切削深度有关

$\dfrac{实际切削深度}{标准切削深度}=\dfrac{a_{pR}}{a_p}$		0.5	1.0	2.0
系 数 k_{apv}	加 工 钢	1.15	1.0	0.87
	加 工 铸 铁	1.11	1.0	0.93

（三）用高速钢铰刀加工

1．与刀具寿命有关

$\dfrac{实际寿命}{标准寿命}=\dfrac{T_R}{T}$		0.25	0.5	1.0	2	4	6	8	10	12	18	24
系 数 k_{Tv}	加工钢及铝合金	1.74	1.32	1.0	0.76	0.57	0.49	0.43	0.40	0.37	0.31	0.28
	加工铸铁及铜合金	1.51	1.23	1.0	0.81	0.66	0.58	0.53	0.50	0.47	0.42	0.39

（续）

2. 与加工材料有关

加工材料	钢 及 铝 合 金 的 力 学 性 能										
	硬 度 HBS										
	—	—	110~140	>140~170	>170~200	>200~230	>230~260	>260~290	>290~320	>320~350	>350~380
	σ_b （MPa）										
	≤300	300~400	>400~500	>500~600	>600~700	>700~800	>800~900	>900~1000	>1000~1100	>1100~1200	>1200~1300
	修 正 系 数 k_{Mv}										
易切削钢、碳钢、铬钢、镍铬钢	—	—	0.9	1.0	1.0	0.88	0.78	0.71	0.65	0.6	0.55
碳素工具钢、锰钢、铬镍钨钢、铬钼钢及铬锰钢	—	—	—	0.75	0.75	0.66	0.58	0.53	0.49	0.45	0.41
硬铝合金	1.2	1.0	0.8	—	—	—	—	—	—	—	—

加工材料	铸 铁 及 铜 合 金 的 硬 度 HBS										
	60~80	60~90	70~90	100~120	120~140	140~160	160~180	180~200	200~220	220~240	240~260
	修 正 系 数 k_{Mv}										
灰 铸 铁	—	—	—	—	—	—	1.16	1.0	0.88	0.78	0.70
可 锻 铸 铁	—	—	—	1.5	1.2	1.0	0.85	0.74			
铜 合 金	4.0	2.0	1.7	1.0	1.0	0.70	0.70	—	—		

3. 与刀具材料有关

刀具材料牌号	W18Cr4V，W6Mo5Cr4V2	9CrSi
系 数 k_{tv}	1.0	0.85

4. 与铰孔的切削深度有关

$\dfrac{\text{实际切削深度}}{\text{标准切削深度}} = \dfrac{a_{pR}}{a_p}$		0.5	1.0	2.0
系 数 k_{apv}	加工钢和铝合金	1.15	1.0	0.87
	加工铸铁和铜合金	1.08	1.0	0.93

表 2.32 钻孔时轴向力、扭矩及功率的计算公式

	计 算 公 式		
名　称	轴 向 力 （N）	扭 矩（N·m）	功 率 （kW）
计算公式	$F_f = C_F d_o^{z_F} f^{y_F} k_F$	$M_c = C_M d_o^{z_M} f^{y_M} k_M$	$P_c = \dfrac{M_c v_c}{30 d_o}$

公式中的系数和指数

加 工 材 料	刀具材料	系 数 和 指 数					
		轴 向 力			扭 矩		
		C_F	z_F	y_F	C_M	z_M	y_M
钢，$\sigma_b = 650\text{MPa}$	高速钢	600	1.0	0.7	0.305	2.0	0.8
不锈钢 1Cr18Ni9Ti	高速钢	1400	1.0	0.7	0.402	2.0	0.7
灰铸铁，硬度 190HBS	高速钢	420	1.0	0.8	0.206	2.0	0.8
	硬质合金	410	1.2	0.75	0.117	2.2	0.8
可锻铸铁，硬度 150HBS	高速钢	425	1.0	0.8	0.206	2.0	0.8
	硬质合金	320	1.2	0.75	0.098	2.2	0.8
中等硬度非均质铜合金，硬度 100~140HBS	高速钢	310	1.0	0.8	0.117	2.0	0.8

注：1. 当钢和铸铁的强度和硬度改变时，切削力的修正系数 k_{MF} 可按表 1.29-1 计算。

2. 加工条件改变时，切削力及扭矩的修正系数见表 2.33。

3. 用硬质合金钻头钻削未淬硬的结构碳钢、铬钢及镍铬钢时，轴向力及扭矩可按下列公式计算：

$$F_f = 3.48 d_o^{1.4} f^{0.8} \sigma_b^{0.75} \qquad M_c = 5.87 d_o^2 f \sigma_b^{0.7}$$

表 2.33 加工条件改变时钻孔轴向力及扭矩的修正系数

1. 与加工材料有关

钢	力学性能	硬度 HBS	110~140	>140~170	>170~200	>200~230	>230~260	>260~290	>290~320	>320~350	>350~380
		σ_b (MPa)	400~500	>500~600	>600~700	>700~800	>800~900	>900~1000	>1000~1100	>1100~1200	>1200~1300
	$k_{MF} = k_{MM}$		0.75	0.88	1.0	1.11	1.22	1.33	1.43	1.54	1.63
铸铁	力学性能硬度 HBS		100~120	120~140	140~160	160~180	180~200	200~220	220~240	240~260	—
	系数 $k_{MF} = k_{MM}$	灰铸铁	—	—	—	0.94	1.0	1.06	1.12	1.18	
		可锻铸铁	0.83	0.92	1.0	1.08	1.14	—	—	—	

2. 与刃磨形状有关

刃 磨 形 状		标　准	双横、双横棱、横、横棱
系　数	k_{xF}	1.33	1.0
	k_{xM}	1.0	1.0

3. 与刀具磨钝有关

切 削 刃 状 态		尖 锐 的	磨 钝 的
系　数	k_{hF}	0.9	1.0
	k_{hM}	0.87	1.0

表 2.34　群钻加工时轴向力及扭矩的计算公式

计 算 公 式		
名　称	轴 向 力 （N）	扭 矩 （N·m）
计算公式	$F_f = C_F d_o^{z_F} f^{y_F} v_c^{n_F} k_F$	$M_c = C_M d_o^{z_M} f^{y_M} v_c^{n_M} k_M$

公式中的系数及指数

加 工 材 料	系 数 和 指 数							
	轴 向 力				扭 矩			
	C_F	z_F	y_F	n_F	C_M	z_M	y_M	n_M
Q235 钢，107～146HBS	552	0.839	0.852	0.151	0.415	1.887	0.896	−0.018
45 钢，189～215HBS	1102	0.867	0.772	−0.124	0.438	1.828	0.901	0.034
T10A 钢，179～193HBS	1687	0.7	0.757	−0.039	0.576	1.829	0.88	−0.016
40Cr 钢，246～260HBS	1239	0.821	0.717	−0.055	0.652	1.76	0.023	0.059
20CrMnTi 钢，245～253HBS	2396	0.623	0.768	−0.073	0.680	1.743	0.918	0.037
45CrNiMoV 钢，214～219HBS	1114	0.745	0.681	0.116	0.559	1.811	0.796	0.039
35CrMnSi 钢，36～37HRC	1692	0.641	0.867	0.136	0.640	1.784	0.818	−0.022
1Cr18Ni9Ti 钢，218～231HBS	444.4	1.147	0.606	−0.102	0.325	1.947	0.79	0.024
钛合金 TC4，290～292HBS	542.5	0.96	0.697	−0.038	0.314	1.964	0.983	0.016
铜 Cu-4，73～81HBS	308	0.916	0.599	0.105	1.197	1.599	0.788	−0.082
黄铜 HPb59-1，94～96HBS	126.5	0.569	0.668	0.172	0.157	1.842	0.874	0.017
铸造铝合金 ZAlSi7Mg，41～43HBS	320.8	0.842	1.046	0.082	0.161	1.785	1.022	0.092
灰铸铁 HT200，173～182HBS	365.9	0.661	1.217	0.361	0.281	1.788	1.048	0.077

注：加工材料改变时轴向力及扭矩均应乘修正系数 $k_{MF} = k_{MM}$

加工材料	钢								铸　铁	
硬度 HBS	90～156	143～207	170～229	207～269	229～285	269～302	285～321	321～375	163～229	170～241
$k_{MF} = k_{MM}$	0.6	0.75	0.85	0.9	1.0	1.05	1.1	1.2	1.0	1.1

五、常用钻床的技术资料

表 2.35　Z525 型立式钻床

最大钻孔直径　$d=25\text{mm}$
进给机构允许最大抗力　$F_{\max}=8830\text{N}$
主电动机功率　$P_E=2.8\text{kW}$
机床效率　$\eta=0.81$

级　　数	1	2	3	4	5	6	7	8	9
主轴转数 n（r/min）	97	140	195	272	392	545	680	960	1360
主轴能传递的扭矩（N·m）	294.3	203.1	195.2	144.2	72.6	52	42.2	29.4	20.6
主轴进给量（mm/r）	0.1, 0.13, 0.17, 0.22, 0.28, 0.36, 0.48, 0.62, 0.81								

表 2.36　Z550 型立式钻床

最大钻孔直径　$d=50\text{mm}$
进给机构允许最大抗力　$F_{\max}=24520\text{N}$
主电动机功率　$P_E=7\text{kW}$
机床效率　$\eta=0.85$

级　　数		1	2	3	4	5	6	7	8	9	10	11	12
主轴转数 n（r/min）		32	47	63	89	125	185	250	351	500	735	996	1400
主轴能传递扭矩（N·m）	按传动系统	222.7	1510.7	1128.1	814.2	570	384.6	363	203	142.2	97.1	71.6	51
	按薄弱环节	814.2	814.2	814.2	814.2	570	384.6	284.5	203	142.2	97.1	71.6	51
主轴进给量（mm/r）		0.12, 0.19, 0.28, 0.4, 0.62, 0.9, 1.17, 1.8, 2.64											

第三部分　铣削用量选择

一、铣 削 要 素

v_c——铣削速度（m/min），$v_c = \dfrac{\pi d_o n}{1000}$；

d_o——铣刀外径（mm）；

n——铣刀转数（r/min）；

f——铣刀每转工作台移动距离，即每转进给量（mm/r）；

f_z——铣刀每齿工作台移动距离，即每齿进给量（mm/z）；

v_f——进给速度（mm/min）；

$$v_f = fn = f_z z n$$

z——铣刀齿数；

a_e——铣削宽度（mm）；

a_p——铣削深度（mm）；

T——刀具寿命（min）。

有关铣削要素见图 3-1。

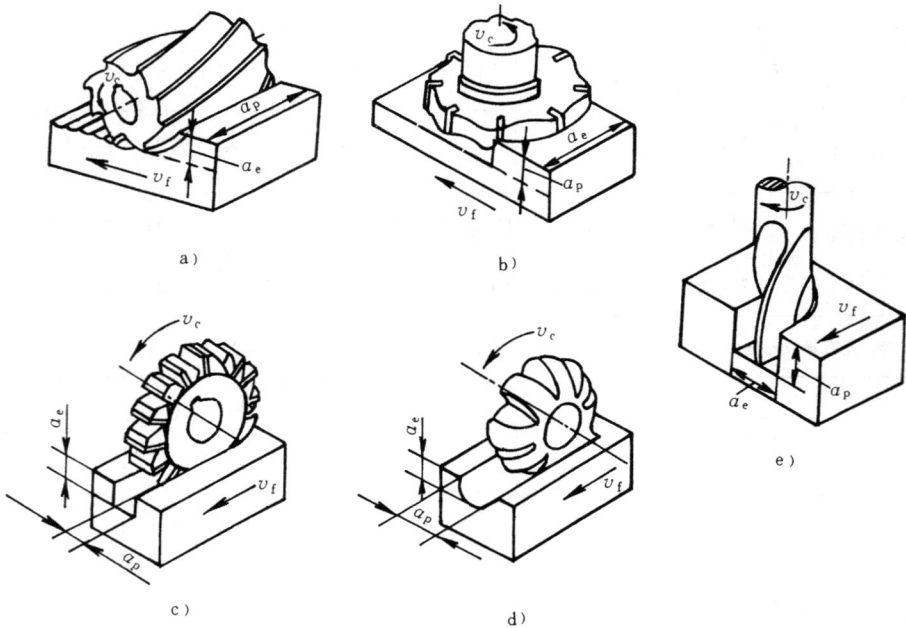

图 3-1　不同铣削加工的切削要素

a）圆柱铣刀铣平面　b）端铣刀铣平面　c）盘铣刀铣槽　d）成形铣刀铣槽　e）立铣刀铣槽

二、高速钢圆柱铣刀铣削用量选择举例

〔已知〕

加工材料——40Cr 钢，$\sigma_b = 700\text{MPa}$，锻件，有外皮；

工件尺寸——宽度为 75mm，长度 $l = 300\text{mm}$ 的平面，如图 3-2 所示；

加工要求——用标准镶齿圆柱铣刀粗铣，加工余量 $h = 3\text{mm}$，用乳化液冷却；

　　机床——XA6132 型卧式铣床。

〔试求〕

（1）刀具；

（2）切削用量；

（3）基本工时。

〔解〕

1. 选择刀具

1）铣刀直径的大小直接影响切削力、扭矩、
切削速度和刀具材料的消耗，不能任意选取，表

图 3-2　高速钢圆柱铣刀铣削用量选择举例

3.1 可作为初步参考。根据表 3.1，铣削宽度 $a_e \leqslant 5\text{mm}$ 时，直径为 $d_o = 80\text{mm}$，$a_p \leqslant 70\text{mm}$。但
已知铣削深度为 $a_p = 75\text{mm}$，故应根据铣削深度 $a_p \leqslant 90\text{mm}$，选择 $d_o = 100\text{mm}$。由于采用标准
镶齿圆柱铣刀，故齿数 $Z = 8$（表 3.9）；

2）铣刀几何形状（表 3.2）：$\gamma_n = 15°$，$\alpha_o = 12°$。

2. 选择切削用量

1）决定铣削宽度 a_e　由于加工余量不大，故可在一次走刀内切完，则

$$a_e = h = 3\text{mm};$$

2）决定每齿进给量 f_z　根据 XA6132 型铣床说明书（见六、常用铣床的技术资料，表
3.30），其功率为 7.5kW，中等系统刚度。

根据表 3.3，$f_z = 0.12 \sim 0.20\text{mm/z}$，现取

$$f_z = 0.20\text{mm/z}$$

3）选择铣刀磨钝标准及刀具寿命　根据表 3.7，铣刀刀齿后刀面最大磨损量为 0.6mm，
镶齿铣刀（$d_o = 100\text{mm}$），刀具寿命 $T = 180\text{min}$，（表 3.8）；

4）决定切削速度 v_c 和每分钟进给量 v_f　切削速度 v_c 可根据表 3.27 中的公式计算，也
可直接由表中查出。

根据表 3.9，当 $d_o = 100\text{mm}$，$z = 8$，$a_p = 41 \sim 130\text{mm}$，$a_e = 3\text{mm}$，$f_z \leqslant 0.24\text{mm/z}$ 时，
$v_t = 19\text{m/min}$，$n_t = 62\text{r/min}$，$v_{ft} = 104\text{mm/min}$。

各修正系数为：$k_{Mv} = k_{Mn} = k_{Mv} = 0.69$

$$k_{sv} = k_{sn} = k_{sv} = 0.8$$

故　　　　　　$$v_c = v_t k_v = 19 \times 0.69 \times 0.8\text{m/min} = 10.5\text{m/min};$$

$$n = n_t k_n = 62 \times 0.69 \times 0.8\text{r/min} = 34\text{r/min};$$

$$v_f = v_{ft} k_v = 104 \times 0.69 \times 0.8\text{mm/min} = 57.4\text{mm/min}.$$

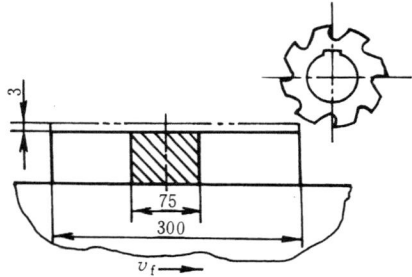

根据 XA6132 型铣床说明书，选择 $n_c = 37.5$r/min，$v_{fc} = 60$mm/min。

因此实际切削速度和每齿进给量为

$$v_c = \frac{\pi d_o n_c}{1000} = \frac{3.14 \times 100 \times 37.5}{1000} \text{m/min} = 118 \text{m/min}$$

$$f_{zc} = \frac{v_{fc}}{n_c z} = \frac{60}{37.5 \times 8} \text{mm/z} = 0.20 \text{mm/z}$$

5）检验机床功率　根据表 3.15，当 $f_z = 0.18 \sim 0.32$mm/z，$a_p = 84$mm，$a_e \leqslant 3.5$mm，$v_f \leqslant 60$mm/min 时，$P_{ct} = 1.1$kW。

切削功率的修正系数 $k_{MPc} = 1$，故实际的切削功率为

$$P_{cc} = P_{ct} = 1.1 \text{kW}$$

根据 XA6132 型铣床说明书，机床主轴允许的功率为

$$P_{cM} = 7.5 \times 0.75 \text{kW} = 5.63 \text{kW}$$

故 $P_{cc} < P_{cM}$，因此所决定的切削用量可以采用，即 $a_e = 3$mm，$v_f = 60$mm/min，$n = 37.5$r/min，$v_c = 118$m/min，$f_z = 0.20$mm/z。

3. 计算基本工时

$$t_m = \frac{L}{v_f}$$

式中，$L = l + y + \Delta$，$l = 300$mm。根据表 3.25，入切量及超切量 $y + \Delta = 19$mm，则 $L = (300 + 19)$ mm $= 319$mm，故

$$t_m = \frac{319}{60} \text{min} = 5.31 \text{min}$$

三、硬质合金端铣刀铣削用量选择举例

〔已知〕

加工材料——45 钢，$\sigma_b = 670$MPa，锻件，有外皮；

工件尺寸——宽度 $a_e = 70$mm，长度 $l = 600$mm 的平面，如图 3-3 所示；

加工要求——用标准硬质合金端铣刀铣削，加工余量 $h = 3.7$mm；

机床——XA5032 型立铣。

〔试求〕

（1）刀具；

（2）切削用量；

（3）基本工时。

〔解〕

1. 选择刀具

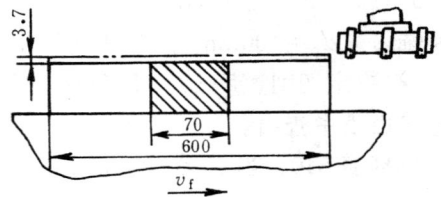

图 3-3　硬质合金端铣刀铣削用量选择举例

1）根据表 1.2，选择 YT15 硬质合金刀片。

根据表 3.1，铣削深度 $a_p \leqslant 4$mm 时，端铣刀直径 d_o 为 80mm，a_e 为 60mm。但已知铣削宽度 a_e 为 70mm，故应根据铣削宽度 $a_e \leqslant 90$mm，选择 $d_o = 125$mm。由于采用标准硬质合金端铣刀，故齿数 $z = 4$（表 3.13）。

2）铣刀几何形状（表 3.2）：由于 $\sigma_b \leqslant 800\text{MPa}$，故选择 $\kappa_r = 60°$，$\kappa_{re} = 30°$，$\kappa_r' = 5°$，$\alpha_o = 8°$（假定 $a_{cmax} > 0.08\text{mm}$），$\alpha_o' = 10°$，$\lambda_s = -15°$，$\gamma_o = -5°$。

2．选择切削用量

1）决定铣削深度 a_p　由于加工余量不大，故可在一次走刀内切完，则

$$a_p = h = 3.7\text{mm}$$

2）决定每齿进给量 f_z　采用不对称端铣以提高进给量。根据表 3.5，当使用 YT15，铣床功率为 7.5kW（表 3.30，XA5032 型立铣说明书）时，

$$f_z = 0.09 \sim 0.18\text{mm/z}$$

但因采用不对称端铣，故取

$$f_z = 0.18\text{mm/z}$$

3）选择铣刀磨钝标准及刀具寿命　根据表 3.7，铣刀刀齿后刀面最大磨损量为 0.8mm；由于铣刀直径 $d_o = 125\text{mm}$，故刀具寿命 $T = 180\text{min}$（表 3.8）。

4）决定切削速度 v_c 和每分钟进给量 v_f　切削速度 v_c 可根据表 3.27 中的公式计算，也可直接由表中查出。

根据表 3.13，当 $d_o = 125\text{mm}$，$z = 4$，$a_p \leqslant 5\text{mm}$，$f_z \leqslant 0.24\text{mm/z}$ 时，$v_t = 123\text{m/min}$，$n_t = 313\text{r/min}$，$v_{ft} = 263\text{mm/min}$。

各修正系数为：$k_{Mv} = k_{Mn} = k_{Mv} = 1.0$

$$k_{sv} = k_{sn} = k_{sv} = 0.8$$

故　　　　　　$v_c = v_t k_v = 123 \times 1.0 \times 0.8\text{m/min} = 98.4\text{m/min}$

$$n = n_t k_n = 313 \times 1.0 \times 0.8\text{r/min} = 250\text{r/min}$$

$$v_f = v_{ft} k_{vt} = 263 \times 1.0 \times 0.8\text{mm/min} = 210.4\text{mm/min}$$

根据 XA5032 型立铣说明书（表 3.30）选择

$n_c = 300\text{r/min}$，$v_{fc} = 235\text{mm/min}$

因此实际切削速度和每齿进给量为

$$v_c = \frac{\pi d_o n}{1000} = \frac{3.14 \times 125 \times 300}{1000}\text{m/min} = 117.8\text{m/min}$$

$$f_{zc} = \frac{v_{fc}}{n_c z} = \frac{235}{300 \times 4}\text{mm/z} = 0.20\text{mm/z}$$

5）校验机床功率　根据表 3.23，当 $\sigma_b = 560 \sim 1000\text{MPa}$，$a_e \leqslant 72\text{mm}$，$a_p \leqslant 4.2\text{mm}$，$d_o = 125\text{mm}$，$z = 4$，$v_f = 235\text{mm/min}$，近似为

$$P_{cc} = 4.1\text{kW}$$

根据 XA5032 型立铣说明书（表 3.30），机床主轴允许的功率为

$$P_{cM} = 7.5 \times 0.75\text{kW} = 5.63\text{kW}$$

故 $P_{cc} < P_{cM}$，因此所选择的切削用量可以采用，即

$a_p = 3.7\text{mm}$，$v_f = 235\text{mm/min}$，$n = 300\text{r/min}$，$v_c = 117.8\text{m/min}$，$f_z = 0.20\text{mm/z}$。

6）计算基本工时

$$t_m = \frac{L}{v_f}$$

式中，$L = l + y + \Delta$，$l = 600\text{mm}$。根据表 3.26，不对称安装铣刀，入切量及超切量 $y + \Delta = 40\text{mm}$，则 $L = (600 + 40)\text{mm} = 640\text{mm}$，故

$$t_m = \frac{640}{235}\text{min} = 2.72\text{min}$$

四、铣削用量标准

表 3.1　铣刀直径的选择（参考）

名　　称	高速钢圆柱铣刀			硬质合金端铣刀					
铣削深度 a_p (mm)	≤70	~90	~100	≤4	~6	~6	~6	~8	~10
铣削宽度 a_e (mm)	≤5	~8	~10	≤60	~90	~120	~180	~260	~350
铣刀直径 d_o (mm)	~80	80~100	100~125	~80	100~125	100~200	200~250	320~400	400~500

注：如 a_p，a_e 不能同时与表中数值统一，而 a_p（圆柱铣刀）或 a_e（端铣刀）又较大时，主要应根据 a_p（圆柱铣刀）或 a_e（端铣刀）选择铣刀直径。

表 3.2　铣刀切削部分的几何形状

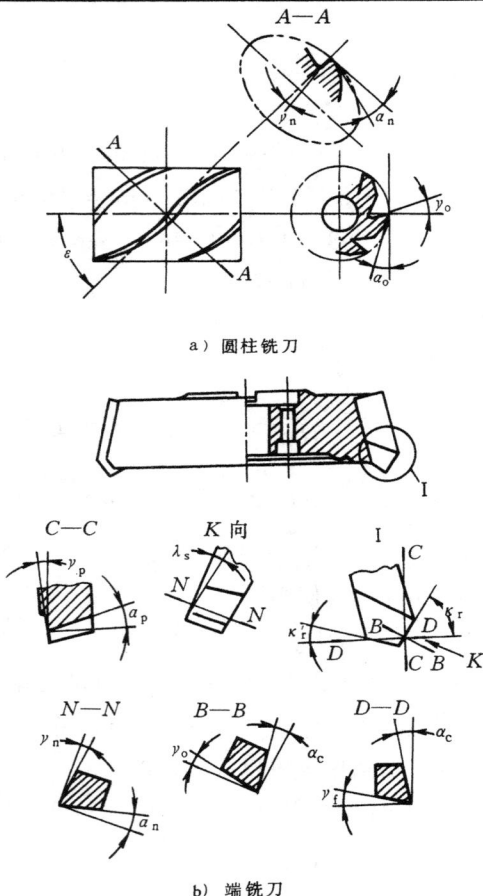

a）圆柱铣刀

b）端铣刀

（续）

高速钢铣刀前角 γ_o（°）		
加 工 材 料		γ_o（螺旋齿圆柱铣刀为 γ_n）（°）
钢 σ_b（MPa）	<600	20
	600～1000	15
	>1000	10～12
铸铁硬度 HBS	≤150	5～15
	>150	5～10
铝 镁 合 金		15～35

注：切屑变形系数 $\xi<0.45$ 时，平均取 $\gamma_o=20°$；$\xi=0.45\sim0.5$ 时，$\gamma_o=15°$；$\xi>0.55$ 时，$\gamma_o=10°$。

后 角 α_o（°）			
铣 刀 类 型	铣 刀 特 征	α_o（°）	
		周 齿	端 齿
圆柱铣刀和端铣刀	细 齿	16	8
	粗齿和镶齿	12	
双面刃和三面刃盘铣刀	直 细 齿	20	6
	直粗齿和镶齿	16	
	螺 旋 细 齿	12	
	螺旋粗齿和镶齿	12	
立铣刀和角铣刀（柱柄和锥柄）套装角铣刀	$d_o<10$mm	25	8
	$d_o=10\sim20$mm	20	
	$d_o>20$mm	16	
切 槽 铣 刀切断铣刀（圆锯片）	—	20	—

偏 角				
铣 刀 类 型	铣 刀 特 征	主偏角	过渡刃偏角	副偏角
		κ_r	$\kappa_r\varepsilon$	κ'_r
端 铣 刀		30～90	15～45	1～2
双面刃和三面刃盘铣刀		—	—	1～2
切槽铣刀	直径 $d_o=40\sim50$mm宽度 $B=0.6\sim0.8$mm	—	—	0°15′
	$B>0.8$mm			0°30′
	$d_o=75$mm$B=1\sim3$mm	—	—	1°30′
	$B>3$mm			1°30′
切断铣刀（圆锯片）	$d_o=75\sim110$mm$B=1\sim2$mm	—	—	0°30′
	$B>2$mm			1°
	$d_o>110\sim200$mm$B=2\sim3$mm	—	—	0°15′
	$B>3$mm			0°30′

注：端铣刀主偏角 κ_r 主要按工艺系统刚性选取，系统刚性较好，铣削较小余量时，取 $\kappa_r=30°\sim45°$；中等刚性而余量较大时，取 $\kappa_r=60°\sim75°$；加工相互垂直表面的端铣刀和盘铣刀，取 $\kappa_r=90°$。

86

（续）

刀齿螺旋角 β（°）				
铣刀类型	β（°）		铣刀类型	β（°）
圆柱铣刀 粗 齿 细 齿 组合齿	40～60 30～35 55		双面刃和三面 刃盘铣刀	10～20
立 铣 刀	20～45		端铣刀 整 体 镶 齿	10～20

硬 质 合 金 铣 刀

加工材料	铣刀刃磨角度（°）									
	端铣刀盘 铣刀前角 γ_o	后角 α_o		端铣刀 副后角 α'_o	刀齿斜角 λ_s		偏 角			过渡刃宽度 b_ε （mm）
		α_{cmax} >0.08 （mm）	α_{cmax} ≤0.08 （mm）		端铣刀	三面刃 盘铣刀	主刃 κ_r	过渡刃 $\kappa_{r\varepsilon}$	副刃 κ'_r	
钢：σ_b（MPa） $\sigma_b<550$ $\sigma_b=550～800$ $\sigma_b=850～950$ $\sigma_b=1000～1200$ 铸铁硬度<200HBS 200～250HBS	+5 -5 -10 +5 0	6～8	8～12	8～10	-5～ -15 -10～ -20	-10～ -15 —	20～75	10～40	5	1～1.5

注：1. 半精铣和精铣钢〔$\sigma_b=600～800$MPa〕时，$\gamma_o=-5°$，$\alpha_o=5°～10°$。
2. 在上等工艺系统刚性下，铣削余量小于 3mm 时，取 $\kappa_r=20°～30°$；在中等刚性下，余量为 3～6mm 时，取 $\kappa_r=45°～75°$。
3. 端铣刀对称铣削，初始切削厚度 $a_c=0.06$mm 时，取 $\lambda_s=-15°$：非对称铣（$a_c<0.45$mm）时，取 $\lambda_s=-5°$。当以 $\kappa_r=45°$的端铣刀铣削铸铁时，取 $\lambda_s=-20°$；当以 $\kappa_r=60°～75°$时，取 $\lambda_s=-10°$。

表 3.3　高速钢端铣刀、圆柱铣刀和盘铣刀加工时的进给量

铣床（铣头）功率（kW）	工艺系统刚性	粗齿和镶齿铣刀				细齿铣刀			
		端铣刀与盘铣刀		圆柱铣刀		端铣刀与盘铣刀		圆柱铣刀	
		每齿进给量 f_z（mm/z）							
		钢	铸铁及 铜合金	钢	铸铁及 铜合金	钢	铸铁及 铜合金	钢	铸铁及 铜合金
>10	上等	0.2～0.3	0.3～0.45	0.25～0.35	0.35～0.50	—	—	—	—
	中等	0.15～0.25	0.25～0.40	0.20～0.30	0.30～0.40				
	下等	0.10～0.15	0.20～0.25	0.15～0.20	0.25～0.30				
5～10	上等	0.12～0.20	0.25～0.35	0.15～0.25	0.25～0.35	0.08～0.12	0.20～0.35	0.10～0.15	0.12～0.20
	中等	0.08～0.15	0.20～0.30	0.12～0.20	0.20～0.30	0.06～0.10	0.15～0.30	0.06～0.10	0.10～0.15
	下等	0.06～0.10	0.15～0.25	0.10～0.15	0.12～0.20	0.04～0.08	0.10～0.20	0.06～0.08	0.08～0.12
<5	中等	0.04～0.06	0.15～0.30	0.10～0.15	0.12～0.20	0.04～0.06	0.12～0.20	0.05～0.08	0.06～0.10
	下等	0.04～0.06	0.10～0.20	0.06～0.10	0.10～0.15	0.04～0.06	0.08～0.15	0.03～0.06	0.05～0.10

注：1. 表中大进给量用于小的铣削深度和铣削宽度；小进给量用于大的铣削深度和铣削宽度。
2. 铣削耐热钢时，进给量与铣削钢时相同，但不大于 0.3mm/z。
3. 上述进给量用于粗铣，半精铣按下表选取：

（续）

要求表面粗糙度 R_a（μm）	镶齿端铣刀和盘铣刀	圆柱铣刀 铣刀直径 d_o（mm） 40～80 钢及铸钢	100～125 钢及铸钢	160～250 钢及铸钢	40～80 铸铁、铜及铝合金	100～125 铸铁、铜及铝合金	160～250 铸铁、铜及铝合金
	半精铣时每转进给量 每转进给量 f（mm/r）						
6.3	1.2～2.7	—					
3.2	0.5～1.2	1.0～2.7	1.7～3.8	2.3～5.0	1.0～2.3	1.4～3.0	1.9～3.7
1.6	0.23～0.5	0.6～1.5	1.0～2.1	1.3～2.8	0.6～1.3	0.8～1.7	1.1～2.1

表 3.4　高速钢立铣刀、角铣刀、半圆铣刀、切槽铣刀和切断铣刀加工钢时的进给量

铣刀直径 d_o（mm）	铣刀类型	铣削宽度 a_e（mm） 3	5	6	8	10	12	15	20	30
		每齿进给量 f_z（mm/z）								
16	立铣刀	0.08～0.05	0.06～0.05	—	—	—	—	—	—	—
20	立铣刀	0.10～0.06	0.07～0.04	—	—	—	—	—	—	—
25	立铣刀	0.12～0.07	0.09～0.05	0.08～0.04	—	—	—	—	—	—
32	立铣刀	0.16～0.10	0.12～0.07	0.10～0.05	—	—	—	—	—	—
32	半圆铣刀和角铣刀	0.08～0.04	0.07～0.05	0.06～0.04	—	—	—	—	—	—
40	立铣刀	0.20～0.12	0.14～0.08	0.12～0.07	0.08～0.05	—	—	—	—	—
40	半圆铣刀和角铣刀	0.09～0.05	0.07～0.05	0.06～0.03	0.06～0.03	—	—	—	—	—
40	切槽铣刀	0.009～0.005	0.007～0.003	0.01～0.007	—	—	—	—	—	—
50	立铣刀	0.25～0.15	0.15～0.10	0.13～0.08	0.10～0.07	—	—	—	—	—
50	半圆铣刀和角铣刀	0.1～0.06	0.08～0.05	0.07～0.04	0.06～0.03	—	—	—	—	—
50	切槽铣刀	0.01～0.006	0.008～0.004	0.012～0.008	0.012～0.008	—	—	—	—	—
63	半圆铣刀和角铣刀	0.10～0.06	0.08～0.05	0.07～0.04	0.06～0.04	0.05～0.03	—	—	—	—
63	切槽铣刀	0.013～0.008	0.01～0.005	0.015～0.01	0.015～0.01	0.015～0.01	—	—	—	—
63	切断铣刀	—	—	0.025～0.015	0.022～0.012	0.02～0.01	—	—	—	—
80	半圆铣刀和角铣刀	0.12～0.08	0.10～0.06	0.09～0.05	0.07～0.05	0.06～0.04	0.06～0.03	—	—	—
80	切槽铣刀	—	0.015～0.005	0.025～0.01	0.022～0.01	0.02～0.01	0.017～0.008	0.015～0.007	—	—
80	切断铣刀	—	—	0.03～0.15	0.027～0.012	0.025～0.01	0.022～0.01	0.02～0.01	—	—
100	半圆铣刀和角铣刀	0.12～0.07	0.12～0.05	0.11～0.05	0.10～0.05	0.09～0.04	0.08～0.04	0.07～0.03	0.05～0.03	—
100	切断铣刀	—	—	0.03～0.02	0.028～0.016	0.027～0.015	0.023～0.015	0.022～0.012	0.023～0.013	—
125	切断铣刀	—	—	0.03～0.025	0.03～0.02	0.03～0.02	0.025～0.02	0.025～0.02	0.025～0.015	0.02～0.01
160	切断铣刀	—	—	—	—	—	—	0.03～0.02	0.025～0.015	0.02～0.01

注：1. 铣削铸铁、铜及铝合金时，进给量可增加 30%～40%。

2. 表中半圆铣刀的进给量适用于凸半圆铣刀；对于凹半圆铣刀，进给量应减少 40%。

3. 在铣削宽度小于 5mm 时，切槽铣刀和切断铣刀采用细齿；铣削宽度大于 5mm 时，采用粗齿。

表 3.5　硬质合金面铣刀、圆柱铣刀和圆盘铣刀加工平面和凸台时的进给量

机床功率	钢		铸铁、铜合金	
	不同牌号硬质合金的每齿进给量 f_z（mm/z）			
（kW）	YT15	YT5	YG6	YG8
5～10	0.09～0.18	0.12～0.18	0.14～0.24	0.20～0.29
>10	0.12～0.18	0.16～0.24	0.18～0.28	0.25～0.38

注：1. 表列数值用于圆柱铣刀铣削深度 a_p≤30mm；当 a_p>30mm 时，进给量应减少 30%。

　　2. 用盘铣刀铣槽时，表列进给量应减小一半。

　　3. 用端铣刀加工时，对称铣时进给量取小值；不对称铣时进给量取大值。主偏角大时取小值；主偏角小时取大值。

　　4. 加工材料的强度或硬度大时，进给量取小值；反之取大值。

　　5. 上述进给量用于粗铣。精铣时铣刀每转进给量按下表选择：

要求达到的表面粗糙度 R_a（μm）	3.2	1.6	0.8	0.4
每转进给量（mm/r）	0.5～1.0	0.4～0.6	0.2～0.3	0.15

表 3.6　硬质合金立铣刀加工平面和凸台时的进给量

铣刀类型	铣刀直径	铣 削 宽 度 a_e（mm）			
		1～3	5	8	12
	d_o（mm）	每齿进给量 f_z（mm/z）			
带整体刀头的立铣刀	10～12	0.03～0.025	—	—	—
	14～16	0.06～0.04	0.04～0.03	—	—
	18～22	0.08～0.05	0.06～0.04	0.04～0.03	—
镶螺旋形刀片的立铣刀	20～25	0.12～0.07	0.10～0.05	0.10～0.03	0.08～0.05
	30～40	0.18～0.10	0.12～0.08	0.10～0.06	0.10～0.05
	50～60	0.20～0.10	0.16～0.10	0.12～0.08	0.12～0.06

注：1. 大进给量用于在大功率机床上铣削深度较小的粗铣；小进给量用于在中等功率的机床上铣削深度较大的铣削。

　　2. 表列进给量可得到 R_a6.3～3.2μm 的表面粗糙度。

表 3.7　铣刀磨铣标准

铣刀类型	高 速 钢 铣 刀					
	后刀面最大磨损限度（mm）					
	钢、铸钢		耐热合金钢		铸 铁	
	粗加工	精加工	粗加工	精加工	粗加工	精加工
圆柱铣刀和盘铣刀	0.4～0.6	0.15～0.25	0.5	0.20	0.50～0.80	0.20～0.30
端铣刀	1.2～1.8	0.3～0.5	0.70	0.50	1.5～2.0	0.30～0.50
立铣刀 d_o≤15mm	0.15～0.20	0.1～0.5	0.50	0.40	0.15～0.20	0.10～0.15
d_o>15mm	0.30～0.50	0.20～0.25			0.30～0.50	0.20～0.25
切槽铣刀和切断铣刀	0.15～0.20	—	—	—	0.15～0.20	—
成形铣刀 尖齿	0.60～0.70	0.20～0.30	—	—	0.6～0.7	0.2～0.3
铲齿	0.30～0.4	0.20	—	—	0.3～0.4	0.2

（续）

硬 质 合 金 铣 刀

铣刀类型	后刀面最大磨损限度（mm）					
	钢、铸钢		耐热合金钢		铸　铁	
	粗加工	精加工	粗加工	精加工	粗加工	精加工
圆柱铣刀	1.0～1.2	0.3～0.5	—	—	1.0～1.2	0.3～0.5
盘铣刀	1.0～1.2	0.3～0.5	—	—	1.0～1.5	0.3～0.5
立铣刀	0.8～1.0	0.3～0.5	—	—	1.0～1.2	0.3～0.5
端铣刀	1.0～1.2	0.3～0.5	0.9	0.2～0.4	1.0～1.5	0.3～0.5
带整体刀头立铣刀	0.6～0.8	0.2～0.3	—	—	0.6～0.8	0.2～0.4

注：1．上表适于加工钢的 YT5、YT14、YT15 和加工铸铁的 YG8、YG6 与 YG3 硬质合金铣刀。
　　2．铣削奥氏体不锈钢时，许用的后刀面最大磨损量 0.2～0.4mm。

表 3.8　铣刀平均寿命

铣刀类型		刀 具 寿 命 T （min）										
		铣 刀 直 径 d_o （mm）										
		≤25	≤40	≤63	≤80	≤100	≤125	≤160	≤200	≤250	≤315	≤400
高速钢	细齿圆柱铣刀	—		120	180			—				
	镶齿圆柱铣刀		—				180			—		
	盘铣刀		—	100		120		150	180	240		—
	端铣刀		—			180				240		—
	立铣刀	60	90	120			—					
	切槽铣刀与切断铣刀		—		60	75	120	150	180		—	
	成形铣刀与角铣刀	—		120		180				—		
硬质合金	端铣刀		—			180				240	300	420
	圆柱铣刀		—			180				—		
	立铣刀	60	90	120			—					
	盘铣刀		—		120		150		180	240		—

表 3.9　高速钢镶齿圆柱铣刀铣削钢料时的切削用量（用切削液）

刀具寿命 T （min）	$\frac{d_o}{z}$	a_p （mm）	a_e （mm）	铣刀每齿进给量 f_z （mm/z）																		
				0.05			0.1			0.13			0.18			0.24			0.33			0.44		
				切　削　用　量																				
				v_c	n	v_f	v_c	n	v_f	v_c	n	v_f	v_c	n	v_f	v_c	n	v_f	v_c	n	v_f	v_c	n	v_f
180	$\frac{80}{6}$	12～40	3	33	130	32	29	116	52	26	103	71	23	92	85	20	81	102						
			5	28	117	28	25	99	44	22	89	61	20	79	73	17	70	88	—	—	—			
			8	25	97	24	22	86	39	19	77	53	17	68	64	15	61	76						
		41～130	3	29	115	28	26	102	46	23	91	63	20	81	76	18	72	91						
			5	25	99	24	22	88	40	20	79	54	17	70	66	16	62	77	—	—	—			
			8	22	86	21	19	76	34	17	68	47	15	61	56	13	53	67						

（续）

刀具寿命 T (min)	d_o/z	a_p (mm)	a_e (mm)	0.05 v_c	n	v_f	0.1 v_c	n	v_f	0.13 v_c	n	v_f	0.18 v_c	n	v_f	0.24 v_c	n	v_f	0.33 v_c	n	v_f	0.44 v_c	n	v_f
180	100/8	12~40	3	35	112	37	31	100	59	28	89	82	25	79	98	22	70	117	—	—	—			
			5	30	96	32	27	85	51	24	76	70	21	68	84	19	60	101	—	—	—			
			8	26	83	28	23	74	44	21	66	61	19	59	73	16	52	88	—	—	—			
		41~130	3	31	99	32	28	88	53	25	79	72	22	70	86	19	62	104	—	—	—			
			5	27	85	28	23	76	45	21	67	62	19	60	74	17	53	89	—	—	—			
			8	23	74	24	20	65	39	19	58	54	16	52	64	14	46	77	—	—	—			
180	125/8	12~40	3	39	99	32	35	88	53	31	79	72	28	70	86	24	62	104	22	55	123			
			5	34	85	28	29	76	45	26	67	62	23	60	74	21	53	89	19	47	106			
			8	29	74	24	26	65	39	23	58	54	20	52	64	18	46	77	16	41	92			
			10	27	69	23	24	61	37	22	55	50	19	49	60	17	43	72	15	38	86			
180	125/8	41~130	3	34	88	29	31	77	47	27	70	64	24	65	76	21	55	92	19	49	109	—	—	—
			5	29	75	25	26	67	40	23	59	58	21	53	65	19	47	79	16	42	94	—	—	—
			8	26	65	22	23	58	35	20	52	47	18	46	57	16	41	68	14	36	81	—	—	—
			10	24	61	20	22	54	32	19	49	44	17	44	53	15	38	64	13	34	76	—	—	—
180	160/10	12~40	3	43	85	35	38	75	56	34	67	77	30	59	92	26	53	110	23	47	131	21	41	159
			5	37	73	30	32	64	48	29	58	66	26	51	79	23	45	95	20	40	113	18	35	137
			8	31	63	26	28	56	42	25	50	58	22	44	69	20	39	82	17	35	78	16	31	119
			13	28	55	22	24	49	36	22	43	50	19	38	59	17	34	71	15	30	85	13	26	103
		41~130	3	38	75	31	34	67	50	30	59	69	26	53	82	23	47	98	21	41	116	19	37	141
			5	32	64	26	29	57	43	26	51	58	23	45	70	20	40	84	18	35	97	16	31	121
			8	28	56	22	25	49	37	22	44	51	20	39	61	17	35	73	16	31	86	14	27	105
			13	24	48	20	22	43	32	19	38	44	17	34	53	15	30	63	13	27	75	12	23	91

加工条件改变时切削用量的修正系数

钢的类型和力学性能	钢的力学性能	σ_b (MPa)	380~439	440~510	511~590	591~700	701~800	801~930	931~1070	1071~1240
		HBS	111~126	127~146	147~169	170~200	201~228	229~266	207~306	307~354
	钢的种类	系数 $k_{Mv}=k_{Mn}=k_{Mvt}$								
	碳钢（$w_C<0.6\%$）		0.92	1.06	1.17	1.0	0.87	0.75	0.57	0.43
	铬钢 镍铬钢		—	1.32	1.09	0.85	0.69	0.57	0.46	0.37
	碳钢（$w_C>0.6\%$）		—	1.39	1.19	0.95	0.78	0.74	0.53	0.43
	锰钢和铬镍钨钢		—	—	0.82	0.80	0.69	0.60	0.52	0.45
	铬锰钢		—	—	0.83	0.70	0.61	0.52	0.46	0.39

毛坯表面状态	表面状态	无外皮	有外皮			
			轧件	锻件	铸件（一般）	带砂的
	系数 $k_{sv}=k_{sn}=k_{svf}$	1.0	0.9	0.8	0.8~0.85	0.5~0.6

铣刀寿命	实际寿命与标准寿命之比 T_R：T	0.25	0.5	1.0	1.5	2.0	3.0
	系数 $k_{Tv}=k_{Tn}=k_{Tvf}$	1.58	1.26	1.0	0.87	0.8	0.69

加工类型	加工类型	粗 加 工	精 加 工					
	系 数 $k_{Bv}=k_{Bn}=k_{Bvf}$	1.0	0.8					
铣刀齿数	铣刀实际齿数与标准齿数之比 $z_R:z$	0.25	0.5	0.8	1.0	1.5	2.0	3.0
系数	$k_{zv}=k_{Zn}$	1.15	1.05	1.02	1.0	0.96	0.93	0.9
	k_{zvf}	0.3	0.5	0.82	1.0	1.4	2.0	2.7

表 3.10　高速钢细齿圆柱铣刀铣削钢料时的切削用量（用切削液）

刀具寿命 T (min)	$\dfrac{d_o}{z}$	a_p (mm)	a_e (mm)	$f_z=0.03$ v_c	n	v_f	0.05 v_c	n	v_f	0.1 v_c	n	v_f	0.13 v_c	n	v_f	0.18 v_c	n	v_f
120	$\dfrac{50}{8}$	12~40	1.8	38	245	45	34	218	72	31	194	115	27	173	160	24	154	191
			3.0	33	211	39	29	188	62	26	167	98	23	148	137	21	132	163
			5.0	28	181	33	25	161	53	22	143	85	20	127	118	18	113	140
		41~75	1.8	34	217	40	31	193	64	27	172	102	24	152	142	22	136	169
			3.0	29	186	34	26	166	55	23	148	87	20	131	122	19	116	145
			5.0	25	160	29	22	142	47	20	127	75	17	112	104	16	100	124
120	$\dfrac{63}{10}$	12~40	1.8	42	211	49	37	188	77	33	167	124	29	149	172	26	133	205
			3.0	36	181	42	32	161	66	28	143	106	25	128	148	22	113	176
			5.0	31	155	36	28	139	57	25	123	91	22	109	127	19	97	151
			8.0	27	135	31	24	121	49	21	107	79	19	95	110	17	85	131
		41~90	1.8	37	187	43	33	167	68	29	148	110	26	131	152	23	117	181
			3.0	32	160	37	28	143	59	25	127	94	22	113	131	20	100	155
			5.0	27	137	32	24	122	50	22	109	80	19	97	112	17	86	134
			8.0	23	119	28	21	106	44	19	95	70	17	84	97	15	75	116
180	$\dfrac{80}{12}$	12~40	1.8	40	159	44	35	142	70	32	126	112	28	112	156	25	100	185
			3.0	34	137	38	31	122	60	27	108	96	24	96	134	22	86	159
			5.0	29	117	32	26	104	52	23	93	82	21	82	115	19	73	136
			8.0	26	102	28	23	91	44	20	80	71	18	71	100	16	64	119
		41~110	1.8	35	141	39	32	120	62	28	112	99	25	99	138	22	88	164
			3.0	31	121	34	27	107	53	24	95	85	22	85	107	19	76	140
			5.0	26	104	29	23	92	46	20	82	73	19	73	101	16	65	121
			8.0	23	90	25	20	80	40	18	71	63	16	63	88	14	56	105
180	$\dfrac{100}{14}$	12~40	1.8	44	139	44	39	124	71	34	110	114	31	97	158	27	87	188
			3.0	37	119	38	33	106	61	29	94	98	26	83	136	23	74	161
			5.0	32	102	33	29	91	52	25	81	84	23	72	116	20	64	139
			8.0	28	88	29	25	79	46	22	70	73	20	62	101	17	55	121
		41~130	1.8	38	122	40	34	109	63	31	97	101	27	86	140	24	77	167
			3.0	33	105	34	29	94	54	26	83	86	23	74	120	20	66	143
			5.0	28	90	29	25	80	46	22	71	74	20	64	103	18	56	122
			8.0	25	79	25	22	70	40	19	62	64	17	55	89	16	49	107

注：切削用量修正系数参看表 3.9 "加工条件改变时切削用量的修正系数"。

表 3.11　高速钢镶齿圆柱铣刀铣削灰铸铁时的切削用量

刀具寿命 T (min)	d_o/z	a_p (mm)	a_e (mm)	0.06 v_c	0.06 n	0.06 v_f	0.15 v_c	0.15 n	0.15 v_f	0.2 v_c	0.2 n	0.2 v_f	0.27 v_c	0.27 n	0.27 v_f	0.36 v_c	0.36 n	0.36 v_f	0.49 v_c	0.49 n	0.49 v_f
180	$\dfrac{80}{6}$	40~70	2.8	26	103	25	22	86	49	19	73	76	16	61	86	—	—	—	—	—	—
			3.9	22	87	21	19	73	41	16	62	65	13	52	73	—	—	—	—	—	—
			5.6	18	73	17	16	61	35	13	52	54	11	43	61	—	—	—	—	—	—
			8.0	15	61	14	13	51	29	11	43	45	9	36	51	—	—	—	—	—	—
180	$\dfrac{100}{8}$	40~70	2.8	28	88	28	23	74	56	20	62	88	17	53	98	—	—	—	—	—	—
			3.9	23	74	24	20	63	47	17	53	74	14	44	83	—	—	—	—	—	—
			5.6	20	62	20	16	52	40	14	44	62	12	37	70	—	—	—	—	—	—
			8.0	16	52	17	14	44	33	11	37	52	10	31	58	—	—	—	—	—	—
180	$\dfrac{125}{8}$	40~70	2.8	32	82	26	27	69	53	23	58	82	19	49	92	16	41	103	—	—	—
			3.9	28	70	22	23	59	44	19	50	70	16	42	78	14	35	88	—	—	—
			5.6	23	58	19	19	49	37	16	41	58	14	35	65	11	29	73	—	—	—
			8.0	19	49	16	16	41	31	14	35	49	11	29	54	10	25	61	—	—	—
			11.5	16	41	13	13	34	26	11	29	40	9	24	45	8	20	51	—	—	—
180	$\dfrac{160}{10}$	40~70	2.8	36	72	29	30	60	57	26	51	89	22	43	100	18	36	112	15	30	126
			3.9	31	61	24	26	51	49	22	43	75	18	36	85	15	30	95	13	25	107
			5.6	26	50	20	21	43	40	18	36	63	15	30	70	13	25	79	11	21	89
			8.0	21	42	17	18	35	34	15	30	53	12	25	56	11	21	67	9	18	74
			11.5	18	35	14	15	29	28	13	25	44	11	21	49	9	17	55	7	15	62
			16.0	15	30	12	13	25	20	11	21	37	9	18	41	8	15	47	7	13	53

加工条件改变时切削用量的修正系数

铸铁的硬度	铸铁硬度 HBS	<157	157~178	179~202	203~224	铣刀寿命	实际寿命与标准寿命之比 $T_R:T$	0.25	0.5	1.0	1.5	2.0	3.0
	系数 $k_{Mv}=k_{Mn}=k_{Mvf}$	1.25	1.12	1.0	0.9		系数 $k_{Tv}=k_{Tn}=k_{Tvf}$	1.41	1.19	1.0	0.9	0.84	0.76

加工条件改变时切削用量的修正系数

毛坯表面状态	表面状态	无外皮的	有外皮的 一般	有外皮的 带砂的	加工类型	加工类型	粗加工	精加工				
	系数 $k_{sv}=k_{sn}=k_{svf}$	1.0	0.8~0.85	0.5~0.6		系数 $k_{Bv}=k_{Bn}=k_{Bvf}$	1.0	0.8				
					铣刀齿数	实际齿数与标准齿数之比 $z_R:z$	0.25	0.5	0.8	1.0	1.5	2.0	3.0
						系数 $k_{zv}=k_{zn}$	1.5	1.2	1.07	1.0	0.9	0.8	0.7
						k_{zvf}	0.4	0.6	0.85	1.0	1.35	1.62	2.1

表 3.12　高速钢细齿圆柱铣刀铣削灰铸铁时的切削用量

刀具寿命 T (min)	$\dfrac{d_o}{z}$	a_p (mm)	a_e (mm)	铣刀每齿进给量 f_z (mm/z)								
				0.06			0.15			0.20		
				切　削　用　量								
				v_c	n	v_f	v_c	n	v_f	v_c	n	v_f
120	$\dfrac{50}{8}$	40～70	1.4	26	170	54	23	142	109	19	121	168
			2.0	22	142	46	19	119	91	16	101	141
			2.8	19	120	38	16	101	77	13	85	119
			3.9	16	101	32	13	85	65	11	73	101
			5.6	13	85	27	11	66	55	—	—	—
120	$\dfrac{63}{10}$	40～70	1.4	29	148	59	25	124	119	21	106	184
			2.0	25	124	50	20	104	97	17	88	154
			2.8	21	104	42	17	88	85	15	74	130
			3.9	17	89	35	15	74	71	13	63	110
			5.6	14	74	29	12	62	59	—	—	—
			8.0	12	62	25	10	52	50	—	—	—
180	$\dfrac{80}{12}$	40～70	1.4	29	118	56	25	99	114	21	84	175
			2.0	25	98	47	21	83	95	17	70	146
			2.8	21	83	40	17	70	80	15	59	124
			3.9	18	71	34	15	59	68	13	50	105
			5.6	15	59	28	13	49	57	11	42	88
			8.0	13	49	23	10	41	47	9	35	73
180	$\dfrac{100}{14}$	40～70	1.4	33	105	59	28	88	119	23	75	182
			2.0	28	88	49	23	74	100	20	63	153
			2.8	23	74	41	20	62	84	17	53	129
			3.9	20	64	35	17	53	71	14	45	109
			5.6	17	53	29	14	44	59	12	37	91
			8.0	14	44	25	11	37	50	10	31	76

注：切削用量修正系数参看表 3.11 加工条件改变时切削用量的修正系数。

表 3.13　高速钢立铣刀在钢料上铣槽的切削用量（用切削液）

刀具寿命 T (min)	$\dfrac{D}{z}$	槽宽 a_e (mm)	槽深 a_p (mm)	铣刀每齿进给量 f_z (mm/z)																	
				0.045			0.06			0.07			0.09			0.12			0.15		
				切　削　用　量																	
				v_c	n	v_f	v_c	n	v_f	v_c	n	v_f	v_c	n	v_f	v_c	n	v_f	v_c	n	v_f
60	$\dfrac{16}{3}$	16	10～25	23	458	55	20	398	63	18	358	69	16	318	76	14	279	88	—	—	—
	$\dfrac{16}{6}$			22	438	105	19	378	119	—	—	—	—	—	—	—	—	—	—	—	—
60	$\dfrac{20}{3}$	20	10～30	22	350	42	20	318	50	17	270	53	15	239	57	14	223	70	12	191	77
	$\dfrac{20}{6}$			21	334	80	18	287	90	16	255	99	—	—	—	—	—	—	—	—	—
60	$\dfrac{25}{3}$	25	10～30	22	280	34	19	242	38	17	217	42	15	191	46	14	178	56	13	166	67
	$\dfrac{25}{6}$			21	268	64	18	229	72	16	203	79	14	178	85	13	166	105	12	153	124

（续）

刀具寿命 T (min)	$\dfrac{D}{z}$	槽宽 a_e (mm)	槽深 a_p (mm)	铣刀每齿进给量 f_z (mm/z)																
				0.045			0.06			0.07			0.09			0.12			0.15		
				切 削 用 量																
				v_c	n	v_f	v_c	n	v_f	v_c	n	v_f	v_c	n	v_f	v_c	n	v_f	v_c	n	v_f
90	$\dfrac{32}{4}$	32	10~30	18	179	29	16	159	33	14	139	36	13	125	40	11	109	46	10	100	54
	$\dfrac{32}{8}$			17	169	54	15	149	63	13	129	67	12	119	76	—	—	—	—	—	—

注：表内切削用量能达到表面粗糙度 $R_a3.2\mu m$。

加工条件改变时切削用量的修正系数

	σ_b (MPa)	380~440	450~510	520~590	600~700	710~800	810~930	940~1070	1080~1240
钢的类型和力学性能	HBS	111~126	127~146	147~169	170~200	201~229	230~266	267~306	307~354
	钢的种类	系 数 $k_{Mv}=k_{Mn}=k_{Mvf}$							
	碳钢和镍钢	1.06	1.21	1.34	1.15	1.0	0.86	0.66	0.49
	铬钢和镍铬钢	—	1.6	1.34	1.08	0.9	0.75	0.56	0.42
	铬镍钨钢	—	—	1.07	0.92	0.8	0.69	0.53	0.39
	锰 钢	—	—	1.0	0.86	0.75	0.65	0.5	0.37
	铬锰钢	—	—	0.94	0.81	0.7	0.61	0.46	0.34

	表面状态	无外皮		轧 件		有外皮			
毛坯表面状态						锻 件		铸 件	
								一 般	带 砂 的
	系 数 $k_{sv}=k_{sn}=k_{svf}$	1.0		0.9		0.8		0.8~0.85	0.5~0.6

铣刀寿命	实际寿命与标准寿命之比 $T_R:T$	0.25	0.5	1.0	1.5	2.0	3.0
	系 数 $k_{Tv}=k_{Tn}=k_{Tvf}$	1.32	1.15	1.0	0.92	0.87	0.80

加工类型	加工类型	粗 加 工	精 加 工
	系 数 $k_{Bv}=k_{Bn}=k_{Bvf}$	1.0	0.80

表 3.14 高速钢立铣刀在灰铸铁上铣槽的切削用量

刀具寿命 T (min)	$\dfrac{D}{z}$	槽宽 a_e (mm)	槽深 a_p (mm)	铣刀每齿进给量 f_z (mm/z)																
				0.04			0.05			0.07			0.10			0.13			0.18		
				切 削 用 量																
				v_c	n	v_f	v_c	n	v_f	v_c	n	v_f	v_c	n	v_f	v_c	n	v_f	v_c	n	v_f
60	$\dfrac{16}{3}$	16	10~25	18	358	32	17	338	46	16	318	57	15	299	76	14	279	96	—	—	—
	$\dfrac{16}{6}$			15	299	54	14	279	75	—	—	—	—	—	—	—	—	—	—	—	—
60	$\dfrac{20}{3}$	20	10~30	19	303	27	18	287	39	17	271	49	16	255	65	15	239	82	14	223	108
	$\dfrac{20}{6}$			15	239	43	14	223	60	13	207	75	—	—	—	—	—	—	—	—	—

（续）

刀具寿命 T (min)	$\dfrac{D}{z}$	槽宽 a_e (mm)	槽深 a_p (mm)	铣刀每齿进给量 f_z (mm/z)															
				0.04			0.05			0.07			0.10			0.13			0.18		
				切 削 用 量																	
				v_c	n	v_f	v_c	n	v_f	v_c	n	v_f	v_c	n	v_f	v_c	n	v_f	v_c	n	v_f
60	$\dfrac{25}{3}$	25	10~30	20	255	23	18	229	31	17	217	39	16	203	52	15	191	66	14	178	83
	$\dfrac{25}{6}$			16	203	37	15	191	52	14	178	64	13	166	85	12	153	106	—	—	—
90	$\dfrac{32}{4}$	32	10~30	23	229	27	16	159	29	15	149	36	14	139	47	13	129	59	—	—	—
	$\dfrac{32}{8}$			15	149	36	14	139	50	13	129	62	12	119	81	—	—	—	—	—	—

注：表内切削用量能达到表面粗糙度 $R_a 3.2\mu m$。

加工条件改变时切削用量的修正系数

铸铁	铸铁硬度 HBS	<157	157~178	179~202	203~204	毛坯表面状态	表面状态	无外皮	有外皮		
									硬度 HBS		
									<160	160~200	>200
	系 数 $k_{Mv}=k_{Mn}=k_{Mvf}$	1.25	1.12	1.0	0.9		系 数 $k_{sv}=k_{sn}=k_{svf}$	1.0	0.70	0.75	0.80
铣刀寿命	实际寿命与标准寿命之比 $T_R:T$	0.25	0.5	1.0	1.5	2.0	3.0	加工类型	粗加工	精加工	
	系 数 $k_{Tv}=k_{Tn}=k_{Tvf}$	1.41	1.19	1.0	0.9	0.84	0.76		1.0	0.80	

表 3.15 YT15 硬质合金端铣刀铣削碳钢、铬钢及镍铬钢的切削用量

刀具寿命 T (min)	$\dfrac{d_o}{z}$	a_p (mm)	铣刀每齿进给量 f_z (mm/z)															
			0.07			0.1			0.13			0.18			0.24			0.33		
			切 削 用 量																
			v_c	n	v_f	v_c	n	v_f	v_c	n	v_f	v_c	n	v_f	v_c	n	v_f	v_c	n	v_f
180	$\dfrac{100}{5}$	1.5	229	727	218	203	649	259	173	551	331	154	491	393	139	441	463	124	393	550
		5.0	203	645	193	181	575	230	154	511	293	137	436	349	123	391	410	109	348	488
	$\dfrac{125}{4}$	1.5	229	582	140	203	518	166	173	441	212	154	393	251	139	353	296	124	314	352
		5.0	203	516	124	181	460	147	154	391	188	137	349	223	123	313	263	109	278	312
	$\dfrac{160}{6}$	5	203	403	145	181	359	172	154	305	220	137	272	262	123	244	308	109	218	365
		16	181	359	129	161	320	154	137	272	196	122	242	233	109	217	274	97	134	326
240	$\dfrac{200}{8}$	5	191	304	146	170	271	173	145	231	221	129	206	263	116	184	310	103	164	368
		16	170	271	130	152	242	155	129	205	197	115	183	235	103	164	276	92	146	328
	$\dfrac{250}{8}$	5	191	244	117	170	217	139	145	185	177	129	164	211	116	148	248	103	131	295
		16	170	217	104	152	193	124	129	164	158	115	146	187	103	131	221	92	117	262
300	$\dfrac{315}{10}$	5	183	185	111	163	165	132	139	140	168	124	125	200	111	112	235	99	100	280
		16	163	164	99	145	146	118	124	125	149	110	111	178	98	100	209	88	89	249
420	$\dfrac{400}{12}$	5	171	136	98	152	121	116	130	103	149	116	92	176	104	82	208	92	73	247
		16	152	121	87	136	108	104	115	92	132	103	82	157	92	73	185	82	65	220

（续）

加工条件改变时切削用量的修正系数							
钢的力学性能	σ_b（MPa）	<560	561～620	621～700	701～789	790～889	890～1000
	硬度 HBS	<160	160～177	180～200	203～226	228～255	257～285
	系数 $k_{Mv}=k_{Mn}=k_{Mvf}$	1.27	1.13	1.0	0.89	0.79	0.69
实际寿命与标准寿命之比	比值 $T_R:T$	0.5	1.0	1.5	2	3	4
	系数 $k_{Tv}=k_{Tn}=k_{Tvf}$	1.15	1.0	0.92	0.87	0.8	0.76
常用硬质合金牌号	牌 号	YT5		YT14		YT15	YT30
	系数 $k_{tv}=k_{tn}=k_{tvf}$	0.65		0.8		1.0	1.4

加工条件改变时切削用量的修正系数

毛坯表面状态	表面状态	无外皮	有 外 皮			
			轧 件	锻 件	铸 件 一般	铸件 带砂的
	系数 $k_{sv}=k_{sn}=k_{svf}$	1.0	0.9	0.8	0.8～0.85	0.5～0.6
铣削宽度与铣刀直径之比	比值 $a_e:d_o$	<0.45		0.45～0.8		>0.8
	系数 $k_{aev}=k_{aen}=k_{aevf}$	1.13		1.0		0.89
主 偏 角	主偏角 κ_r（°）	90	60	45	30	15
	系数 $k_{krv}=k_{krn}$	0.87	1.0	1.1	1.25	1.6
	k_{krvf}	0.7	1.0	1.1	1.65	2.9
铣刀实际齿数与标准齿数之比	比值 $z_R:z$	0.25	0.5	0.8	1.0	1.5	2.0	3.0
	系数 $k_{zv}=k_{zn}$				1.0			
	k_{zvf}	0.25	0.5	0.8	1.0	1.5	2.0	3.0

表3.16 YG6硬质合金端铣刀铣削灰铸铁的切削用量

刀具寿命 T（min）	$\frac{d_o}{z}$	a_p（mm）	铣刀每齿进给量 f_z（mm/z）								
			0.1			0.13			0.18		
			切 削 用 量								
			v_c	n	v_f	v_c	n	v_f	v_c	n	v_f
180	$\frac{80}{10}$	1.5	124	494	395	110	439	492			
		3.5	109	436	349	97	387	433	—	—	—
		7.5	98	388	311	87	345	386			
	$\frac{100}{10}$	1.5	124	395	316	110	352	394	98	322	490
		3.5	109	349	278	97	310	347	86	275	432
		7.5	98	311	248	87	276	310	77	245	385
	$\frac{125}{12}$	1.5	124	316	304	110	281	378	98	250	471
		3.5	109	278	268	97	248	333	86	220	415
		7.5	98	248	239	87	221	297	108	196	370
	$\frac{160}{14}$	1.5	124	247	277	110	220	344	98	195	429
		3.5	109	218	244	97	194	304	86	172	378
		7.5	98	194	217	87	173	271	77	154	337

97 （续）

刀具寿命 T (min)	$\frac{d_o}{z}$	a_p (mm)	0.1 v_c	0.1 n	0.1 v_f	0.13 v_c	0.13 n	0.13 v_f	0.18 v_c	0.18 n	0.18 v_f
240	$\frac{200}{16}$	1.5	113	181	231	101	160	287	89	142	358
		3.5	100	159	203	89	141	253	79	125	315
		7.5	89	142	181	79	126	226	70	112	281
	$\frac{250}{20}$	3.5	100	127	203	89	113	253	79	100	315
		7.5	89	113	181	79	101	226	70	89	281
		16	79	101	162	71	90	202	63	80	251
300	$\frac{315}{22}$	3.5	93	94	165	83	83	206	73	74	256
		7.5	83	84	148	74	74	184	65	66	229
		16	74	75	131	66	67	164	58	59	204
420	$\frac{400}{28}$	3.5	83	67	148	74	59	185	66	52	230
		7.5	74	59	133	66	53	165	59	47	206
		16	67	53	118	59	47	148	52	42	184

铣刀每齿进给量 f_z (mm/z) 切削用量

刀具寿命 T (min)	$\frac{d_o}{z}$	a_p (mm)	0.26 v_c	0.26 n	0.26 v_f	0.36 v_c	0.36 n	0.36 v_f	0.5 v_c	0.5 n	0.5 v_f	0.7 v_c	0.7 n	0.7 v_f
180	$\frac{80}{10}$	1.5	—	—	—	—	—	—	—	—	—	—	—	—
		3.5	—	—	—	—	—	—	—	—	—	—	—	—
		7.5	—	—	—	—	—	—	—	—	—	—	—	—
	$\frac{100}{10}$	1.5	—	—	—	—	—	—	—	—	—	—	—	—
		3.5	—	—	—	—	—	—	—	—	—	—	—	—
		7.5	—	—	—	—	—	—	—	—	—	—	—	—
	$\frac{125}{12}$	1.5	87	222	586	—	—	—	—	—	—	—	—	—
		3.5	77	196	517	—	—	—	—	—	—	—	—	—
		7.5	68	175	461	—	—	—	—	—	—	—	—	—
	$\frac{160}{14}$	1.5	87	173	535	77	154	668	—	—	—	—	—	—
		3.5	77	153	470	68	136	588	—	—	—	—	—	—
		7.5	68	136	420	61	121	524	—	—	—	—	—	—
240	$\frac{200}{16}$	1.5	80	127	446	71	112	557	63	100	689	—	—	—
		3.5	70	117	392	62	99	490	55	88	607	—	—	—
		7.5	62	100	350	55	88	437	49	79	541	—	—	—
	$\frac{250}{20}$	3.5	70	89	392	62	79	490	55	71	607	49	63	750
		7.5	62	80	350	55	71	437	49	63	541	44	56	669
		16	56	71	313	49	63	391	44	56	483	40	50	597
300	$\frac{315}{22}$	3.5	65	66	319	58	58	398	52	52	493	46	46	610
		7.5	58	59	284	52	52	356	46	46	440	41	41	544
		16	52	52	254	46	47	317	41	41	392	37	37	485
420	$\frac{400}{28}$	3.5	59	47	287	52	41	359	46	37	444	41	33	548
		7.5	52	41	256	46	37	320	41	33	396	37	29	490
		16	47	37	229	41	33	286	37	29	348	33	26	437

(续)

<table>
<tr><td colspan="8" align="center">加工条件改变时切削用量的修正系数</td></tr>
<tr>
<td rowspan="2">铸铁的硬度</td>
<td>硬度 HBS</td>
<td><150</td>
<td>150～164</td>
<td>165～181</td>
<td>182～199</td>
<td>200～219</td>
<td>220～240</td>
</tr>
<tr>
<td>系数 $k_{Mv}=k_{Mn}=k_{Mvf}$</td>
<td>1.42</td>
<td>1.26</td>
<td>1.12</td>
<td>1.0</td>
<td>0.89</td>
<td>0.79</td>
</tr>
<tr>
<td rowspan="2">实际寿命与标准寿命之比</td>
<td>比值 $T_R:T$</td>
<td>0.5</td>
<td>1.0</td>
<td>1.5</td>
<td>2.0</td>
<td>3.0</td>
<td>4.0</td>
</tr>
<tr>
<td>系数 $k_{Tv}=k_{Tn}=k_{Tvf}$</td>
<td>1.25</td>
<td>1.0</td>
<td>0.88</td>
<td>0.8</td>
<td>0.7</td>
<td>0.64</td>
</tr>
<tr>
<td rowspan="2">常用硬质合金牌号</td>
<td>牌 号</td>
<td colspan="2">YG8</td>
<td colspan="2">YG6</td>
<td colspan="1">YG3</td>
<td rowspan="2">—</td>
</tr>
<tr>
<td>系数 $k_{tv}=k_{tn}=k_{tvf}$</td>
<td colspan="2">0.83</td>
<td colspan="2">1.0</td>
<td>1.15</td>
</tr>
<tr>
<td rowspan="3">毛坯表面状态</td>
<td rowspan="2">表面状态</td>
<td colspan="4" rowspan="2">无外皮</td>
<td colspan="2" align="center">有 外 皮</td>
</tr>
<tr>
<td>一 般</td>
<td>带砂的</td>
</tr>
<tr>
<td>系数 $k_{sv}=k_{sn}=k_{svf}$</td>
<td colspan="4">1.0</td>
<td>0.8～0.85</td>
<td>0.5～0.6</td>
</tr>
<tr>
<td rowspan="2">铣削宽度与铣刀直径之比</td>
<td>比值 $a_e:d_o$</td>
<td colspan="2"><0.45</td>
<td colspan="2">0.45～0.8</td>
<td colspan="2">>0.8</td>
</tr>
<tr>
<td>系数 $k_{aev}=k_{aen}=k_{aevf}$</td>
<td colspan="2">1.13</td>
<td colspan="2">1.0</td>
<td colspan="2">0.89</td>
</tr>
<tr>
<td rowspan="3">主偏角</td>
<td>主偏角 $\kappa_r(°)$</td>
<td>90</td>
<td colspan="2">60</td>
<td>45</td>
<td>30</td>
<td>15</td>
</tr>
<tr>
<td>系数 $k_{krv}=k_{krn}$</td>
<td>0.87</td>
<td colspan="2">1.0</td>
<td>1.1</td>
<td>1.25</td>
<td>1.6</td>
</tr>
<tr>
<td>k_{krvf}</td>
<td>0.65</td>
<td colspan="2">1.0</td>
<td>1.1</td>
<td>1.65</td>
<td>3.1</td>
</tr>
<tr>
<td rowspan="3">铣刀实际齿数与标准齿数之比</td>
<td>比值 $z_R:z$</td>
<td>0.25</td>
<td>0.5</td>
<td>0.8</td>
<td>1.0</td>
<td>1.5</td>
<td>2.0</td>
<td>3.0</td>
</tr>
<tr>
<td>系数 $k_{zv}=k_{zn}$</td>
<td colspan="7">1.0</td>
</tr>
<tr>
<td>k_{zvf}</td>
<td>0.25</td>
<td>0.5</td>
<td>0.8</td>
<td>1.0</td>
<td>1.5</td>
<td>2.0</td>
<td>3.0</td>
</tr>
</table>

表 3.17 涂层硬质合金铣刀的切削用量

加工材料		硬度 HBS	状 态	铣削深度 a_p(mm)	端 铣 平 面		三面刃铣刀铣侧面及槽	
					每齿进给量 f_z(mm/z)	切削速度 v_c(m/min)	每齿进给量 f_z(mm/z)	切削速度 v_c(m/min)
碳 钢	低碳	125～225	热轧,正火,退火或冷拉	1	0.20	275～335	0.13	205～250
				4	0.30	200～225	0.18	145～170
				8	0.40	160～175	0.23	115～135
	中碳	175～225		1	0.20	255	0.13	190
				4	0.30	190	0.18	140
				8	0.40	150	0.23	110
	高碳	175～225		1	0.20	245	0.13	185
				4	0.30	180	0.18	135
				8	0.40	140	0.23	105
合 金 钢	低碳	125～225	热轧,正火,退火或冷拉	1	0.20	265～305	0.13	200～230
				4	0.30	205～225	0.18	150～170
				8	0.40	155～175	0.23	115～130
	中碳	175～225		1	0.20	250	0.13	190
				4	0.30	175	0.18	125～130
				8	0.40	135	0.23	90～105
	高碳	175～225		1	0.20	235	0.13	175
				4	0.30	160	0.18	120
				8	0.40	120	0.23	90

（续）

加工材料		硬度 HBS	状态	铣削深度 a_p (mm)	端铣平面		三面刃铣刀铣侧面及槽	
					每齿进给量 f_z (mm/z)	切削速度 v_c (m/min)	每齿进给量 f_z (mm/z)	切削速度 v_c (m/min)
高强度钢		300～350	正火	1	0.13	185	0.102	135
				4	0.18	120	0.13	90
				8	0.23	95	0.15	70
高速钢		200～275	退火	1	0.18	135～150	0.102	100～115
				4	0.25	87～100	0.15	66～76
				8	0.36	67～79	0.20	50～59
不锈钢	奥氏体	135～185	退火	1	0.20	200～215	0.13	130～185
				4	0.30	130～145	0.18	84～120
				8	0.40	100～105	0.23	64～95
	马氏体	135～225	退火	1	0.20	235～245	0.13	150～160
				4	0.30	150～160	0.18	100～105
				8	0.40	100～115	0.22	64～72
灰铸铁		190～260	铸后状态珠光体或珠光体＋游离碳化物	1	0.18	200～235	0.102	145～150
				4	0.25	130～155	0.15	100
				8	0.36	100～120	0.20	73～79
可锻铸铁		160～200	韧化并热处理	1	0.20	250	0.13	215
				4	0.30	165	0.18	175
				8	0.40	130	0.23	165

注：表中铣削深度，对端铣平面和三面刃铣刀铣侧面而言，为轴向铣削深度；对三面刃铣刀铣槽而言，为径向铣削深度。

表 3.18 金刚石端铣刀端铣平面的切削用量

加工材料		硬度 HBS	状态	铣削深度 a_p (mm)	每齿进给量 f_z (mm/z)	切削速度 v_c (m/min)
铝合金	锻轧	30～50	各种状态	0.25～0.75	0.13	610
				0.75～1.25	0.25	425
				1.25～2.50	0.40	305
	铸造	40～100	铸后状态	0.25～0.75	0.13	1000
				0.75～1.25	0.25	840
				1.25～2.50	0.40	550
镁合金，锻轧		40～90	各种状态	0.25～0.75	0.13	610
				0.75～1.25	0.25	365
				1.25～2.50	0.40	230
铜合金	锻轧	10～70HRB	退火	0.25～0.75	0.13	1000～1430
				0.75～1.25	0.25	535～840
				1.25～2.50	0.40	280～520
		60～100HRB	冷拉	0.25～0.75	0.13	1035～1495
				0.75～1.25	0.25	565～885
				1.25～2.50	0.40	365～595

（续）

加工材料		硬度 HBS	状态	铣削深度 a_p (mm)	每齿进给量 f_z (mm/z)	切削速度 v_c (m/min)
铜合金	铸造	40～150	铸后状态	0.25～0.75	0.13	1220
				0.75～1.25	0.25	610
				1.25～2.50	0.40	305
碳和石墨		40～100HS	模制或挤制	0.25～0.75	0.13	975
玻璃和陶瓷		各种硬度		0.25～0.75	0.13	1280
				0.75～1.25	0.25	825
				1.25～2.50	0.40	535
云母		各种硬度		0.25～0.75	0.13	505
				0.75～1.25	0.25	290
				1.25～2.50	0.40	230
塑料		50～125RM		0.25～0.75	0.13	825
				0.75～1.25	0.25	365
				1.25～2.50	0.40	200
硬橡胶		60HS		0.25～0.75	0.13	790
				0.75～1.25	0.25	640
				1.25～2.50	0.40	505
碳纤维复合材料		各种硬度		0.25～0.75	0.13	230
				0.75～1.25	0.25	185
				1.25～2.50	0.40	150
玻璃纤维复合材料		各种硬度		0.25～0.75	0.13	230
				0.75～1.25	0.25	185
				1.25～2.50	0.40	150
硼纤维复合材料		各种硬度		0.25～0.75	0.13	200
				0.75～1.25	0.25	150
				1.25～2.50	0.40	135
金、银		各种硬度		0.25～0.75	0.13	2285
				0.75～1.25	0.25	1585
				1.25～2.50	0.40	840
铂		各种硬度		0.25～0.75	0.13	1110
				0.75～1.25	0.25	975
				1.25～2.50	0.40	670

表 3.19 高速钢圆柱铣刀铣削钢料时消耗的功率

铣刀每齿进给量 f_z (mm/z)				铣 削 宽 度 a_e (mm)																
0.05～0.09	0.10～0.17	0.18～0.32	0.33～0.6																
铣削深度 a_p (mm)																			
—	—	—	41	3.5	4.5	5.5	6.5	8	10	12	—	—	—	—	—	—	—	—	—
—	—	41	49	—	3.5	4.5	5.5	6.5	8	10	12	—	—	—	—	—	—	—	—
—	41	49	59	—	—	3.5	4.5	5.5	6.5	8	10	12	—	—	—	—	—	—	—

铣刀每齿进给量 f_z（mm/z） → **铣削宽度 a_e（mm）**

f_z 0.05~0.09	f_z 0.10~0.17	f_z 0.18~0.32	f_z 0.33~0.6	铣削宽度 a_e（mm）															
铣削深度 a_p（mm）																			
41	49	59	70	—	—	—	3.5	4.5	5.5	6.5	8	10	12	—	—	—	—	—	—
49	59	70	84	—	—	—	—	3.5	4.5	5.5	6.5	8	10	12	—	—	—	—	—
59	70	84	100	—	—	—	—	—	3.5	4.5	5.5	6.5	8	10	12	—	—	—	—
70	84	100	120	—	—	—	—	—	—	3.5	4.5	5.5	6.5	8	10	12	—	—	—
84	100	120	—	—	—	—	—	—	—	—	3.5	4.5	5.5	6.5	8	10	12	—	—
100	120	—	—	—	—	—	—	—	—	—	—	3.5	4.5	5.5	6.5	8	10	12	—
120	—	—	—	—	—	—	—	—	—	—	—	—	3.5	4.5	5.5	6.5	8	10	12
每分钟进给量 v_f（mm/min）				切削功率 P_c（kW）															
50				—	—	—	—	—	0.9	1.1	1.3	1.5	1.8	2.2	2.6	3.1	3.8	4.5	5.3
60				—	—	—	—	0.9	1.1	1.3	1.5	1.8	2.2	2.6	3.1	3.8	4.5	5.3	6.4
72				—	—	—	0.9	1.1	1.3	1.5	1.8	2.2	2.6	3.1	3.8	4.5	5.3	6.4	7.6
84				—	—	0.9	1.1	1.3	1.5	1.8	2.2	2.6	3.1	3.8	4.5	5.3	6.4	7.6	9.1
102				—	0.9	1.1	1.3	1.5	1.8	2.2	2.6	3.1	3.8	4.5	5.3	6.4	7.6	9.1	11
120				0.9	1.1	1.3	1.5	1.8	2.2	2.6	3.1	3.8	4.5	5.3	6.4	7.6	9.1	11	13
144				1.1	1.3	1.5	1.8	2.2	2.6	3.1	3.8	4.5	5.3	6.4	7.6	9.1	11	13	15.5
174				1.3	1.5	1.8	2.2	2.6	3.1	3.8	4.5	5.3	6.4	7.6	9.1	11	13	15.5	18.5
204				1.5	1.8	2.2	2.6	3.1	3.8	4.5	5.3	6.4	7.6	9.1	11	13	15.5	18.5	—
246				1.8	2.2	2.6	3.1	3.8	4.5	5.3	6.4	7.6	9.1	11	13	15.5	18.5	—	—
294				2.2	2.6	3.1	3.8	4.5	5.3	6.4	7.6	9.1	11	13	15.5	18.5	—	—	—
348				2.6	3.1	3.8	4.5	5.3	6.4	7.6	9.1	11	13	15.5	18.5	—	—	—	—
420				3.1	3.8	4.5	5.3	6.4	7.6	9.1	11	13	15.5	18.5	—	—	—	—	—
498				3.8	4.5	5.3	6.4	7.6	9.1	11	13	15.5	18.5	—	—	—	—	—	—

钢的力学性能改变时切削功率的修正系数

抗拉强度 σ_b（MPa）	<550	550~1000	>1000
硬度 HBS	<160	160~285	>285
系数 k_{MPc}	0.84	1.0	1.2

表 3.20　高速钢圆柱铣刀铣削灰铸铁时消耗的功率

f_z 0.08~0.13	f_z 0.14~0.22	f_z 0.23~0.36	f_z 0.37~0.6	铣削宽度 a_e（mm）														
铣削深度 a_p（mm）																		
—	—	—	41	3.5	4.5	5.5	6.5	8	10	12	—	—	—	—	—	—	—	—
—	—	41	49	—	3.5	4.5	5.5	6.5	8	10	12	—	—	—	—	—	—
—	41	49	59	—	—	3.5	4.5	5.5	6.5	8	10	12	—	—	—	—	—
41	49	59	70	—	—	—	3.5	4.5	5.5	6.5	8	10	12	—	—	—	—
49	59	70	84	—	—	—	—	3.5	4.5	5.5	6.5	8	10	12	—	—	—
59	70	84	100	—	—	—	—	—	3.5	4.5	5.5	6.5	8	10	12	—	—
70	84	100	—	—	—	—	—	—	—	3.5	4.5	5.5	6.5	8	10	12	—
84	100	—	—	—	—	—	—	—	—	—	3.5	4.5	5.5	6.5	8	10	12
100	—	—	—	—	—	—	—	—	—	—	—	3.5	4.5	5.5	6.5	8	10	12

（续）

每分钟进给量 v_f (mm/min)	切削功率 P_c (kW)														
71	—	—	—	—	—	—	0.8	0.9	1.1	1.3	1.6	1.9	2.2	2.7	3.2
85	—	—	—	—	—	0.8	0.9	1.1	1.3	1.6	1.9	2.2	2.7	3.2	3.8
101	—	—	—	—	0.8	0.9	1.1	1.3	1.6	1.9	2.2	2.7	3.2	3.8	4.5
121	—	—	—	0.8	0.9	1.1	1.3	1.6	1.9	2.2	2.7	3.2	3.8	4.5	5.4
144	—	—	0.8	0.9	1.1	1.3	1.6	1.9	2.2	2.7	3.2	3.8	4.5	5.4	6.4
172	—	0.8	0.9	1.1	1.3	1.6	1.9	2.2	2.7	3.2	3.8	4.5	5.4	6.4	7.7
205	0.8	0.9	1.1	1.3	1.6	1.9	2.2	2.7	3.2	3.8	4.5	5.4	6.4	7.7	9.2
245	0.9	1.1	1.3	1.6	1.9	2.2	2.7	3.2	3.8	4.5	5.4	6.4	7.7	9.2	—
295	1.1	1.3	1.6	1.9	2.2	2.7	3.2	3.8	4.5	5.4	6.4	7.7	9.2	—	—
350	1.3	1.6	1.9	2.2	2.7	3.2	3.8	4.5	5.4	6.4	7.7	9.2	—	—	—
420	1.6	1.9	2.2	2.7	3.2	3.8	4.5	5.4	6.4	7.7	9.2	—	—	—	—
498	1.9	2.2	2.7	3.2	3.8	4.5	5.4	6.4	7.7	9.2	—	—	—	—	—

铸铁硬度改变时切削功率的修正系数

铸铁硬度 HBS	<160	160~220	>220
修正系数 k_{MPc}	0.83	1.0	1.20

表 3.21 高速钢立铣刀铣削钢料时消耗的功率

每齿进给量 f_z (mm/z)		槽深 a_p (mm)										
0.05~0.09	0.10~0.17											
槽宽 a_e (mm)												
—	11	18	21	25	30	—	—	—	—	—	—	—
11	13	15	18	21	25	30	—	—	—	—	—	—
13	16	12	15	18	21	25	30	—	—	—	—	—
16	19	10	12	15	18	21	25	30	—	—	—	—
19	23	—	10	12	15	18	21	25	30	—	—	—
23	27	—	—	10	12	15	18	21	25	30	—	—
27	32	—	—	—	10	12	15	18	21	25	30	—
32	—	—	—	—	—	10	12	15	18	21	25	30

每分钟进给量 v_f (mm/min)	切削功率 P_c (kW)										
32	—	—	—	—	—	—	0.8	1.0	1.2	1.5	1.8
45	—	—	—	—	0.8	1.0	1.2	1.5	1.8	2.1	2.5
65	—	—	0.8	1.0	1.2	1.5	1.8	2.1	2.5	3.0	3.6
78	—	0.8	1.0	1.2	1.5	1.8	2.1	2.5	3.0	3.6	4.3
93	0.8	1.0	1.2	1.5	1.8	2.1	2.5	3.0	3.6	4.3	5.1
110	1.0	1.2	1.5	1.8	2.1	2.5	3.0	3.6	4.3	5.1	6.1
132	1.2	1.5	1.8	2.1	2.5	3.0	3.6	4.3	5.1	6.1	7.3
157	1.5	1.8	2.1	2.5	3.0	3.6	4.3	5.1	6.1	7.3	8.7
188	1.8	2.1	2.5	3.0	3.6	4.3	5.1	6.1	7.3	8.7	10
225	2.1	2.5	3.0	3.6	4.3	5.1	6.1	7.3	8.7	10	—
265	2.5	3.0	3.6	4.3	5.1	6.1	7.3	8.7	10	—	—
320	3.0	3.6	4.3	5.1	6.1	7.3	8.7	10	—	—	—
380	3.6	4.3	5.1	6.1	7.3	8.7	10	—	—	—	—

钢的力学性能改变时切削功率的修正系数

抗拉强度 σ_b（MPa）	＜55	550～1000	＞1000
硬　度　HBS	＜160	160～285	＞285
系　数　k_{MPc}	0.84	1.0	1.20

表 3.22　高速钢立铣刀铣削灰铸铁时消耗的功率

每齿进给量 f_z（mm/z）		槽　深　a_p（mm）										
0.05～0.09	0.10～0.15											
槽　宽　a_e（mm）												
—	11	18	21	25	30	—	—	—	—	—	—	—
11	13	15	18	21	25	30	—	—	—	—	—	—
13	16	12	15	18	21	25	30	—	—	—	—	—
16	19	10	12	15	18	21	25	30	—	—	—	—
19	23	—	10	12	15	18	21	25	30	—	—	—
23	27	—	—	10	12	15	18	21	25	30	—	—
27	32	—	—	—	10	12	15	18	21	25	30	—
32	—	—	—	—	—	10	12	15	18	21	25	30
每分钟进给量 v_f（mm/min）		切　削　功　率　P_c（kW）										
54		—	—	—	—	—	—	—	0.9	1.1	1.3	1.6
78		—	—	—	—	—	0.9	1.1	1.3	1.6	1.9	2.3
110		—	—	—	0.9	1.1	1.3	1.6	1.9	2.3	2.7	3.2
132		—	—	0.9	1.1	1.3	1.6	1.9	2.3	2.7	3.2	3.9
157		—	0.9	1.1	1.3	1.6	1.9	2.3	2.7	3.2	3.9	4.6
184		0.9	1.1	1.3	1.6	1.9	2.3	2.7	3.2	3.9	4.6	5.5
225		1.1	1.3	1.6	1.9	2.3	2.7	3.2	3.9	4.6	5.5	6.5
265		1.3	1.6	1.9	2.3	2.7	3.2	3.9	4.6	5.5	6.5	7.8
320		1.6	1.9	2.3	2.7	3.2	3.9	4.6	5.5	6.5	7.8	9.4
380		1.9	2.3	2.7	3.2	3.9	4.6	5.5	6.5	7.8	9.4	—
455		2.3	2.7	3.2	3.9	4.6	5.5	6.5	7.8	9.8	—	—

铸铁硬度改变时切削功率的修正系数

铸铁硬度　HBS	＜160	160～220	＞220
系　　数　k_{MPc}	0.83	1.0	1.20

表 3.23　硬质合金端铣刀铣削钢料时消耗的功率

铣削深度 a_p (mm)

钢 σ_b(MPa) / HBS			铣削宽度 a_e (mm)	铣削深度 a_p (mm)													
<560 / <160	560~1000 / 160~285	>1000 / >285															
45	—	—	45 / 38 / —	1.4	1.7	2.0	2.4	2.9	3.5	4.2	4.9	5.9	7.0	8.4	10	12	14
52	38	—	52 / 45 / 38	1.2	1.4	1.7	2.0	2.4	2.9	3.5	4.2	4.9	5.9	7.0	8.4	10	12
62	45	38	62 / 52 / 45	—	1.2	1.4	1.7	2.0	2.4	2.9	3.5	4.2	4.9	5.9	7.0	8.4	10
72	52	45	72 / 62 / 52	—	—	1.2	1.4	1.7	2.0	2.4	2.9	3.5	4.2	4.9	5.9	7.0	8.4
85	62	52	85 / 72 / 62	—	—	—	1.2	1.4	1.7	2.0	2.4	2.9	3.5	4.2	4.9	5.9	7.0
100	72	62	100 / 85 / 72	—	—	—	—	1.2	1.4	1.7	2.0	2.4	2.9	3.5	4.2	4.9	5.9
117	85	72	117 / 100 / 85	—	—	—	—	—	1.2	1.4	1.7	2.0	2.4	2.9	3.5	4.2	4.9
138	100	85	138 / 117 / 100	—	—	—	—	—	—	1.2	1.4	1.7	2.0	2.4	2.9	3.5	4.2
162	117	100	162 / 138 / 117	—	—	—	—	—	—	—	1.2	1.4	1.7	2.0	2.4	2.9	3.5
190	138	117	190 / 162 / 138	—	—	—	—	—	—	—	—	1.2	1.4	1.7	2.0	2.4	2.9
214	162	138	214 / 190 / 162	—	—	—	—	—	—	—	—	—	1.2	1.4	1.7	2.0	2.4
250	190	162	250 / 214 / 190	—	—	—	—	—	—	—	—	—	—	1.2	1.4	1.7	2.0
295	214	190	295 / 250 / 214	—	—	—	—	—	—	—	—	—	—	—	1.2	1.4	1.7
350	250	214	350 / 295 / 250	—	—	—	—	—	—	—	—	—	—	—	—	1.2	1.4
—	295	250	— / 350 / 295	—	—	—	—	—	—	—	—	—	—	—	—	—	1.2
—	350	295	— / — / 350	—	—	—	—	—	—	—	—	—	—	—	—	—	—

切削功率 P_c (kW)

铣刀直径(mm)和齿数 $d_o \times z$			每分钟进给量 v_f (mm/min)	切削功率 P_c (kW)																
100×5	125×4 / 160×6 / 200×8	250×8 / 315×10 / 400×12																		
—	—	106	— / — / 106	1.1	1.3	1.6	1.9	2.3	2.7	3.2	3.8	4.6	5.5	6.6	7.8	9.4	11	13	16	19
94	110	132	94 / 110 / 132	1.3	1.6	1.9	2.3	2.7	3.2	3.8	4.6	5.5	6.6	7.8	9.4	11	13	16	19	22.5
116	140	165	116 / 140 / 165	1.6	1.9	2.3	2.7	3.2	3.8	4.6	5.5	6.6	7.8	9.4	11	13	16	19	22.5	27
145	175	200	145 / 175 / 200	1.9	2.3	2.7	3.2	3.8	4.6	5.5	6.6	7.8	9.4	11	13	16	19	22.5	27	—
181	220	255	181 / 220 / 255	2.3	2.7	3.2	3.8	4.6	5.5	6.6	7.8	9.4	11	13	16	19	22.5	27	—	—
230	270	320	230 / 270 / 320	2.7	3.2	3.8	4.6	5.5	6.6	7.8	9.4	11	13	16	19	22.5	27	—	—	—
282	340	400	282 / 340 / 400	3.2	3.8	4.6	5.5	6.6	7.8	9.4	11	13	16	19	22.5	27	—	—	—	—
350	420	500	350 / 420 / 500	3.8	4.6	5.5	6.6	7.8	9.4	11	13	16	19	22.5	27	—	—	—	—	—
440	530	618	440 / 530 / 618	4.6	5.5	6.6	7.8	9.4	11	13	16	19	22.5	27	—	—	—	—	—	—
550	660	768	550 / 660 / 768	5.5	6.6	7.8	9.4	11	13	16	19	22.5	27	—	—	—	—	—	—	—
678	822	960	678 / 822 / 960	6.6	7.8	9.4	11	13	16	19	22.5	27	—	—	—	—	—	—	—	—
852	1032	1200	852 / 1032 / 1200	7.8	9.4	11	13	16	19	22.5	27	—	—	—	—	—	—	—	—	—
1068	1278	1500	1068 / 1278 / 1500	9.4	11	13	16	19	22.5	27	—	—	—	—	—	—	—	—	—	—
1338	1602	—	1338 / 1602 / —	11	13	16	19	22.5	27	—	—	—	—	—	—	—	—	—	—	—
1668	—	—	1668 / — / —	13	16	19	22.5	27	—	—	—	—	—	—	—	—	—	—	—	—

表 3.24 硬质合金端铣刀铣削灰铸铁时消耗的功率

铣削深度 a_p(mm)

铸铁硬度 HBS			铣削宽度 a_e(mm)
146~173	174~207	208~248	
35	35	—	
42	42	35	
50	50	42	
60	60	50	
70	70	60	
85	85	70	
100	100	85	
120	120	100	
145	145	120	
170	170	145	
205	205	170	
245	245	205	
295	295	245	
350	350	295	
—	—	350	

铣削深度 a_p(mm) — 各 a_e 对应值（右对齐三角排列）:

a_e=	35	42	50	60	70	85	100	120	145	170	205	245	295	350
	—	—	—	—	—	—	—	—	—	—	—	—	—	16
	—	—	—	—	—	—	—	—	—	—	—	—	16	13
	—	—	—	—	—	—	—	—	—	—	—	16	13	11
	—	—	—	—	—	—	—	—	—	—	16	13	11	9.0
	—	—	—	—	—	—	—	—	—	16	13	11	9.0	7.3
	—	—	—	—	—	—	—	—	16	13	11	9.0	7.3	6.0
	—	—	—	—	—	—	—	16	13	11	9.0	7.3	6.0	5.0
	—	—	—	—	—	—	16	13	11	9.0	7.3	6.0	5.0	4.0
	—	—	—	—	—	16	13	11	9.0	7.3	6.0	5.0	4.0	3.3
	—	—	—	—	16	13	11	9.0	7.3	6.0	5.0	4.0	3.3	2.7
	—	—	—	16	13	11	9.0	7.3	6.0	5.0	4.0	3.3	2.7	2.2
	—	—	16	13	11	9.0	7.3	6.0	5.0	4.0	3.3	2.7	2.2	1.8
	—	16	13	11	9.0	7.3	6.0	5.0	4.0	3.3	2.7	2.2	1.8	1.5
	16	13	11	9.0	7.3	6.0	5.0	4.0	3.3	2.7	2.2	1.8	1.5	1.2
	13	11	9.0	7.3	6.0	5.0	4.0	3.3	2.7	2.2	1.8	1.5	1.2	1.0

所有直径的铣刀

铣刀每齿进给量 f_z(mm/z)	0.13	0.25	0.5	1.0
每分钟进给量 v_f(mm/min)				
	—	—	160	160
	—	160	190	190
	160	190	230	230
	190	230	270	270
	230	270	325	325
	270	325	385	385
	325	385	460	460
	385	460	550	550
	460	550	660	660
	550	660	780	780
	660	780	942	942
	780	942	1122	1122
	942	1122	1320	1320
	1122	1320	1602	1602
	1320	1602	—	—
	1602	—	—	—

切削功率 P_c(kW):

a_e=	35	42	50	60	70	85	100	120	145	170	205	245	295	350
	1.0	1.1	1.3	1.6	1.9	2.3	2.7	3.3	3.8	4.6	5.5	6.6	7.8	9.4
	1.1	1.3	1.6	1.9	2.3	2.7	3.3	3.8	4.6	5.5	6.6	7.8	9.4	11.0
	1.3	1.6	1.9	2.3	2.7	3.3	3.8	4.6	5.5	6.6	7.8	9.4	11.0	13.3
	1.6	1.9	2.3	2.7	3.3	3.8	4.6	5.5	6.6	7.8	9.4	11.0	13.3	15.9
	1.9	2.3	2.7	3.3	3.8	4.6	5.5	6.6	7.8	9.4	11.0	13.3	15.9	19.0
	2.3	2.7	3.3	3.8	4.6	5.5	6.6	7.8	9.4	11.0	13.3	15.9	19.0	22.5
	2.7	3.3	3.8	4.6	5.5	6.6	7.8	9.4	11.0	13.3	15.9	19.0	22.5	27.0
	3.3	3.8	4.6	5.5	6.6	7.8	9.4	11.0	13.3	15.9	19.0	22.5	27.0	32.5
	3.8	4.6	5.5	6.6	7.8	9.4	11.0	13.3	15.9	19.0	22.5	27.0	32.5	—
	4.6	5.5	6.6	7.8	9.4	11.0	13.3	15.9	19.0	22.5	27.0	32.5	—	—

表 3.25　圆柱铣刀铣削时的入切量及超切量

铣削宽度 a_e (mm)	铣刀直径 d_o (mm)								
	40	50	63	80	100	125	160	200	250
	入切量及超切量 $y+\Delta$ (mm)								
0.5	6	7	8	9	10	11	12	12	13
1.0	8	9	10	11	13	14	16	16	17
1.5	10	11	12	13	15	17	18	19	20
2.0	11	12	13	15	17	19	21	22	23
3.0	12	14	16	17	20	22	25	26	28
4.0	14	16	17	20	23	25	28	29	32
5.0	15	17	19	21	25	27	30	32	36
6.0	16	18	21	23	27	29	33	36	40
8.0	18	21	23	26	30	33	37	41	45
10.0	20	22	25	28	33	36	41	46	50
12.0	—	24	27	30	36	39	44	49	55
15.0	—	—	—	33	39	43	49	54	61
18.0	—	—	—	35	41	46	52	59	66
20.0	—	—	—	—	43	48	55	62	69
25.0	—	—	—	—	—	52	60	68	76
30.0	—	—	—	—	—	—	65	73	83
35.0	—	—	—	—	—	—	—	78	88

表 3.26　端铣刀铣削时的入切量及超切量

1. 对 称 安 装 铣 刀

铣削宽度 a_e (mm)	铣刀直径 d_o (mm)							
	80	100	125	160	200	250	315	400
	入切量及超切量 $y+\Delta$ (mm)							
10	4	—	—	—				
15	4	—	—	—				
20	5	—	—	—				
25	6	—	—	—				
30	8	—	—	—				
40	12	7	7	7	6	—	—	—
50	18	9	9	9	9	8	—	—
60	—	12	11	11	9	8		
80	—	20	17	15	13	11	10	
100	—	35	27	23	18	15	13	11
120	—	—	44	34	24	20	16	14
140	—	—	—	50	33	26	22	18
160	—	—	—	—	44	33	27	21
180	—	—	—	—	60	42	33	26
200	—	—	—	—	—	54	40	32
220	—	—	—	—	—	71	47	38
240	—	—	—	—	—	94	59	45
280	—	—	—	—	—	—	72	53
280	—	—	—	—	—	—	88	61
300	—	—	—	—	—	—	110	72
320	—	—	—	—	—	—	—	84
340	—	—	—	—	—	—	—	100

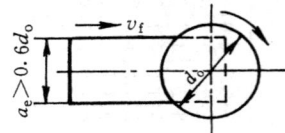

2.不对称安装铣刀

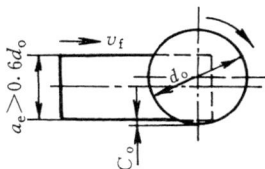

C_o	铣 刀 直 径 d_o (mm)							
	80	100	125	160	200	250	315	400
数 值	入切量及超切量 $y+\Delta$ (mm)							
$0.03d_o$	29	36	47	53	70	87	110	137
$0.05d_o$	25	31	40	46	60	74	95	117

注：精铣时，$y+\Delta$ 取与铣刀直径相等。

五、铣削用量计算公式

表 3.27　铣削时切削速度的计算公式

1. 计　算　公　式
$$v_c = \frac{C_v d_o q_v}{T^m a_p x_v f_z y_v a_e u_v z^{p_v}} k_v$$

式中　k_v——切削条件改变时切削速度修正系数；v_c 的单位为 m/min。

2. 公式中的指数及系数											
铣刀类型	刀具材料	a_e (mm)	a_p (mm)	f_z (mm/z)	公式中的指数和系数						
					C_v	q_v	x_v	y_v	u_v	p_v	m
加工碳素结构钢 $\sigma_b=650$MPa											
端 铣 刀	YT15	—	—	—	186	0.2		0.4	0.2	0	0.2
	高速钢 (用切削液)	—	—	<0.1	41	0.25	0.1	0.2	0.15	0.1	
				>0.1	26			0.4			
圆柱铣刀	YT15	≤2	≤35	≥0.15	240	0.17	-0.05	0.28	0.19	0.1	0.33
		>2			280				0.38		
		≤2	>35		379		0.08		0.19		
		>2			431				0.38		
	高速钢 (用切削液)	—	—	≤0.10	28.5	0.45	0.1	0.2	0.3		
				>0.1	18			0.4			
镶齿盘铣刀	铣平面与凸台	YT15	—	—	<0.12	600	0.21	0	0.12	0.4	0	0.35
				≥0.12	332			0.4			
	铣 槽			<0.06	715		0.1	0.12	0.3		
				≥0.06	270			0.4			

（续）

铣刀类型		刀具材料	a_e (mm)	a_p (mm)	f_z (mm/z)	公式中的指数和系数						
						C_v	q_v	x_v	y_v	u_v	p_v	m
镶齿盘铣刀	铣平面、凸台及槽	高速钢（用切削液）	—	—	≤0.1	48	0.25	0.1	0.2	0.3	0.1	0.2
					>0.1	31	0.25	0.1	0.4	0.3	0.1	0.2
整体盘铣刀		高速钢（用切削液）	—	—	—	43	0.25	0.1	0.2	0.3	0.1	0.2
立铣刀		高速钢（用切削液）	—	—	—	21.5	0.45	0.1	0.5	0.5	0.1	0.33
切槽和切断铣刀						24.4	0.25	0.2	0.3	0.3	0.1	0.2
凸半圆铣刀						27	0.45	0.1	0.2	0.3	0.1	0.33
凹半圆和角铣刀						22.8	0.45	0.1	0.2	0.3	0.1	0.33
带整体刀头的立铣刀		YT15	—	—	—	145	0.44	0.1	0.26	0.24	0.13	0.37
镶螺旋形刀片的立铣刀						144	0.44	0.1	0.26	0.24	0.13	0.37

加工合金结构钢 $\sigma_b=650\text{MPa}$

铣刀类型	刀具材料	a_e (mm)	a_p (mm)	f_z (mm/z)	C_v	q_v	x_v	y_v	u_v	p_v	m
带整体刀头的立铣刀	YT15	—	—	—	200	0.65	0.18	0.28	0.32	0.23	0.5
镶螺旋形刀片的立铣刀					175	0.65	0.18	0.28	0.32	0.23	0.5

加工不锈钢 1Cr18Ni9Ti（退火状态）

铣刀类型	刀具材料	a_e (mm)	a_p (mm)	f_z (mm/z)	C_v	q_v	x_v	y_v	u_v	p_v	m
端铣刀	YG8	—	—	—	108	0.2	0.06	0.3	0.2	0	0.32
端铣刀	高速钢	—	—	—	45	0.15	0.2	0.3	0.2	0.1	0.14
圆柱铣刀	高速钢（用切削液）	—	—	—	22	0.29	0.1	0.34	0.3	0.1	0.24
立铣刀		—	—	—	18	0.35	0.21	0.48	0.21	0.1	0.27

加工灰铸铁硬度190HBS

铣刀类型	刀具材料	a_e (mm)	a_p (mm)	f_z (mm/z)	C_v	q_v	x_v	y_v	u_v	p_v	m
端铣刀	YG6	—	—	—	245	0.2	0.15	0.35	0.2	0	0.32
端铣刀	高速钢（不用切削液）	—	—	—	18.9	0.2	0.1	0.4	0.1	0.1	0.15
圆柱铣刀	YG6	<2.5	—	≤0.2	508	0.37	0.23	0.19	0.13	0.14	0.42
		<2.5	—	>0.2	323	0.37	0.23	0.47	0.13	0.14	0.42
		≥2.5	—	≤0.2	640	0.37	0.23	0.19	0.4	0.14	0.42
		≥2.5	—	>0.2	412.5	0.37	0.23	0.47	0.4	0.14	0.42
	高速钢（不用切削液）	—	—	≤0.15	20	0.7	0.3	0.2	0.5	0.3	0.25
		—	—	>0.15	9.5	0.7	0.3	0.6	0.5	0.3	0.25
镶齿盘铣刀	高速钢（不用切削液）	—	—	—	35	0.2	0.1	0.4	0.5	0.1	0.15
整体盘铣刀		—	—	—	25	0.2	0.1	0.4	0.5	0.1	0.15
立铣刀		—	—	—	25	0.7	0.3	0.2	0.5	0.3	0.25
切槽与切断铣刀		—	—	—	10.5	0.2	0.2	0.4	0.5	0.1	0.15

（续）

加工可锻铸铁硬度 150HBS

铣刀类型	刀具材料	a_e (mm)	a_p (mm)	f_z (mm/z)	C_v	q_v	x_v	y_v	u_v	p_v	m
端铣刀	YG8	—	—	≤0.18	784	0.22	0.17	0.1	0.22	0	0.33
				>0.18	548			0.32			
端铣刀	高速钢（用切削液）			≤0.1	63.4	0.25	0.1	0.2	0.15	0.1	0.2
				>0.1	43.1			0.4			
圆柱铣刀	高速钢（用切削液）	—	—	≤0.1	47	0.45	0.1	0.2	0.3	0.1	0.33
				>0.1	49.5			0.4			
镶齿盘铣刀		—	—	≤0.1	74	0.25	0.1	0.2	0.3	0.1	0.2
				>0.1	47.6			0.4			
整体盘铣刀		—	—	—	67	0.25	0.1	0.2	0.3	0.1	0.2
立铣刀		—	—	—	61.7	0.45	0.1	0.2	0.2	0.1	0.33
切槽与切断铣刀					30	0.25	0.2	0.2	0.2		0.2

加工中等硬度非均质的铜合金硬度 100～140HBS

铣刀类型	刀具材料	a_e (mm)	a_p (mm)	f_z (mm/z)	C_v	q_v	x_v	y_v	u_v	p_v	m
端铣刀	高速钢（不用切削液）	—	—	≤0.1	82	0.25	0.1	0.2	0.15	0.1	0.2
				>0.1	56			0.4			
圆柱铣刀		—	—	≤0.1	57	0.45	0.1	0.2	0.3	0.1	0.33
				>0.1	40			0.4			
镶齿盘铣刀		—	—	≤0.1	95	0.25	0.1	0.2	0.3	0.1	0.2
				>0.1	66			0.4			
整体盘铣刀					86	0.25	0.1		0.3	0.1	0.2
立铣刀		—	—	—	72	0.45	0.1	0.2	0.3	0.1	0.33
切槽与切断铣刀					45	0.25	0.2	0.2	0.3	0.1	0.2

加工铝硅合金及铸造铝合金 $\sigma_b=100～200$MPa，硬度≤65HBS；
硬铝 $\sigma_b=300～400$MPa，硬度≤100HBS

铣刀类型	刀具材料	a_e (mm)	a_p (mm)	f_z (mm/z)	C_v	q_v	x_v	y_v	u_v	p_v	m
端铣刀	高速钢（不用切削液）	—	—	≤0.1	123	0.25	0.1	0.2	0.15	0.1	0.2
				>0.1	85			0.4			
圆柱铣刀				≤0.1	104	0.45	0.1	0.2	0.3	0.1	0.33
				>0.1	73.5			0.4			
镶齿盘铣刀		—	—	≤0.1	156	0.25	0.1	0.2	0.3	0.1	0.2
				>0.1	110			0.4			
整体盘铣刀				—	142	0.25	0.1	0.2	0.3	0.1	0.2
立铣刀				—	130	0.45	0.1	0.2	0.3	0.1	0.33
切槽与切断铣刀				—	80	0.25	0.2	0.2	0.3	0.1	0.2

（续）

切削速度修正系数					
主偏角 κ_r（°）	15	30	45	60	90
系　数 k_{krv}	1.6	1.25	1.1	1.0	0.87

注：1. 端铣刀的切削速度是按 $\kappa_r = 60°$ 计算的，当 κ_r 改变时，切削速度应乘修正系数 k_{krv}。
　　2. 硬质合金铣刀均不用切削液。
　　3. 加工材料的强度和硬度改变时，切削速度修正系数 κ_{Mv}。见车削部分，表1.28。
　　4. 毛坯状态改变时，切削速度修正系数 k_{sv} 见车削部分表1.28。
　　5. 硬质合金牌号改变时的切削速度修正系数 k_{tv} 见车削部分表1.28。

表 3.28　铣削时切削力、扭矩和功率的计算公式

1. 计　算　公　式

圆 周 力（N）	扭　矩（N·m）	功　率（kW）
$$F_c = \frac{C_F a_p^{x_F} f_z^{y_F} a_e^{u_F} z}{d_o^{q_F} n^{w_F}} k_{Fc}$$ 式中　k_{Fc}——切削条件改变时，切削力修正系数。	$$M = \frac{F_c d_o}{2 \times 10^3}$$	$$P_c = \frac{F_c v_c}{1000}$$

1. 公式中的系数及指数

铣刀类型	刀具材料	公式中的系数及指数					
		C_F	x_F	y_F	u_F	w_F	q_F
加工碳素结构钢　$\sigma_b = 650MPa$							
端铣刀	硬质合金	7900	1.0	0.75	1.1	0.2	1.3
	高速钢	788	0.95	0.8	1.1	0	1.1
圆柱铣刀	硬质合金	967	1.0	0.75	0.88	0	0.87
	高速钢	650	1.0	0.72	0.86	0	0.86
立铣刀	硬质合金	119	1.0	0.75	0.85	-0.13	0.73
	高速钢	650	1.0	0.72	0.86	0	0.86
盘铣刀、切槽及切断铣刀	硬质合金	2500	1.1	0.8	0.9	0.1	1.1
	高速钢	650	1.0	0.72	0.86	0	0.86
凹、凸半圆铣刀及角铣刀	高速钢	450	1.0	0.72	0.86	0	0.86
加工不锈钢 1Cr18Ni9Ti 硬度 141HBS							
端铣刀	硬质合金	218	0.92	0.78	1.0	0	1.15
立铣刀	高速钢	82	1.0	0.6	0.75	0	0.86
加工灰铸铁硬度 190HBS							
端铣刀	硬质合金	54.5	0.9	0.74	1.0	0	1.0
圆柱铣刀		58	1.0	0.8	0.9	0	0.9
圆柱铣刀、立铣刀、盘铣刀、切槽及切断铣刀	高速钢	30	1.0	0.65	0.83	0	0.83

（续）

铣刀类型	刀具材料	公 式 中 的 系 数 及 指 数					
		C_F	x_F	y_F	u_F	w_F	q_F
加工可锻铸铁硬度150HBS							
端铣刀	硬质合金	491	1.0	0.75	1.1	0.2	1.3
圆柱铣刀、立铣刀、盘铣刀、切槽及切断铣刀	高速钢	30	1.0	0.72	0.86	0	0.86
加工中等硬度非均质铜合金硬度100～140HBS							
圆柱铣刀、立铣刀、盘铣刀、切槽及切断铣刀	高速钢	22.6	1.0	0.72	0.86	0	0.86

注：1. 铣削铝合金时，圆周力 F_c 按加工碳钢的公式计算并乘系数 0.25。
2. 表列数据按锐刀求得。当铣刀的磨损量达到规定的数值时，F_c 要增大。加工软钢，增加 75%～90%；加工中硬钢、硬钢及铸铁，增加 30%～40%。
3. 加工材料强度和硬度改变时，切削力的修正系数 k_{MFc} 见车削部分表 1.28。

六、常用铣床的技术资料

表 3.29　X61W 型万能铣床

工作台最大纵向行程　650mm
工作台工作面积，长×宽　1000mm×250mm
进给机构允许的最大抗力　15000N
主电动机功率　4.5kW
进给电动机功率　1.7kW
机床效率　$\eta = 0.75$

主轴转数 n（r/min）	65，80，100，125，160，210，255，300，380，490，590，725，945，1225，1500，1800
纵向进给量 v_f（mm/min）	35，40，51，65，85，105，125，165，205，250，300，390，510，618，755，980

表 3.30　XA6132 型万能铣床和 XA5032 型立铣床

工作台最大纵向行程　680mm
工作台工作面积，长×宽　1250mm×320mm
进给机构允许的最大抗力　15000N
主电动机功率　7.5kW
进给电动机功率　1.7kW
机床效率　$\eta = 0.75$

主轴转数 n（r/min）	30，37.5，47.5，60，75，95，118，150，190，235，300，375，475，600，750，950，1180，1500
纵向进给量 v_f（mm/min）	23.5，30，37.5，47.5，60，75，95，118，150，190，235，300，375，475，600，750，950，1180

注：原 X62W 型万能铣床和 X52K 型立铣主要参数与此表相近。

第四部分　齿轮加工切削用量选择

用切削方法制造齿轮仍然是广泛应用的一种加工方法，其中滚齿、插齿最为普遍。齿轮加工切削用量的选择应根据工艺系统刚性、工件要求精度及表面粗糙度、工件材料以及模数等因素综合考虑。

齿轮加工切削用量的选择可按下列步骤进行。

1）决定切齿深度和走刀次数。滚齿时，一般中等模数的齿轮多采用一次走刀切至全齿深。但模数大于 4mm 的齿轮，或者机床功率不足，或者工艺系统刚性较差时，可以分两次走刀切削。第一次切齿深度取为 $1.4m$（m 为齿轮模数），第二次再切至全齿深。当模数大于 7mm 时，就要分三次切至全齿深。

2）决定进给量。齿轮滚刀、模数铣刀、插齿刀、花键滚刀和蜗轮滚刀加工的进给量见表 4.2～4.7。

3）决定切削速度。齿轮加工时的切削速度可按表 4.10 公式计算，也可参考表 4.11～4.13 选取，并按机床说明书找出适当的每分钟转数（滚齿或铣齿）或每分钟往复次数（插齿），然后再按此速度求出实际切削速度。

4）决定切削功率并校核机床动力。切削功率可按表 4.15 公式计算，求出后再按机床动力校核，检查所选切削用量是否合适。

5）计算基本工时。与其它加工方法一样，齿轮加工时，刀具行程也有超越量 $y+\Delta$（mm），计算基本工时，滚齿的超越量取为：入切量

$$y \approx \sec\beta \sqrt{a_{\mathrm{p}}(d_{\mathrm{o}}-a_{\mathrm{p}})}$$

式中　β——滚刀螺旋角（°）；

a_{p}——切齿深度（mm）；

d_{o}——滚刀直径（mm）。

超越量取 $\Delta=2\sim3$mm。

插齿时的超越量见表 4.9。

表 4.1　模数铣刀刀号与所切齿轮的齿数

铣刀号码 No		1	$1\frac{1}{2}$	2	$2\frac{1}{2}$	3	$3\frac{1}{2}$	4	$4\frac{1}{2}$
被切齿轮齿数	8 把刀一套的	12～13	—	14～16	—	17～20	—	21～25	—
	15 把刀一套的	12	13	14	15～16	17～18	19～20	21～22	23～25
铣刀号码 No		5	$5\frac{1}{2}$	6	$6\frac{1}{2}$	7	$7\frac{1}{2}$	8	
被切齿轮齿数	8 把刀一套的	26～34	—	35～54	—	55～134	—	≥135	
	15 把刀一套的	26～29	30～34	35～41	42～54	55～79	80～134	≥135	

表 4.2　高速钢单头滚刀加工 35 与 45 钢(156~207HBS)
圆柱齿轮的进给量

模数 m (mm)	工件每转滚刀进给量 f(mm/r)								
	粗　加　工					精　加　工			
	滚齿机功率(kW)					对实体材料		对预加工齿	
	1.5~2.8	3~4	5~9	10~14	15~22	要求表面粗糙度 R_a(μm)			
						6.3~3.2	1.6	6.3~3.2	1.6
≤1.5	0.8~1.2	1.4~1.8	1.6~1.8	—		1.0~1.2	0.5~0.8	—	
>1.5~2.5	1.2~1.6	2.4~2.8	2.4~2.8		—	1.2~1.8	0.8~1.0		
>2.5~4	1.6~2.0	2.6~3.0	2.6~3.0						
>4~6	1.2~1.4	2.2~2.6	2.4~2.8	2.6~3.0	2.6~3.0			2.0~2.5	0.7~0.9
>6~8		2.0~2.2	2.2~2.6	2.4~2.8	2.4~2.8	—			
>8~12			2.0~2.4	2.2~2.6	2.4~2.8				
>12~16	—	—	1.8~2.2	2.0~2.4	2.2~2.6				
>16~22			1.5~2.0	1.8~2.2				3.0~4.0	1.0~1.2
>22~26			—	1.2~1.8	1.5~2.0				

注：1. 粗加工 170~210HBS 铸铁齿轮时，进给量增加 10%。

　　2. 多头滚刀进给量应减少：双头减少 25%；三头减少 35%。

　　3. 顺铣时，进给量增加 20%~25%。

　　4. 加工斜角为 β 的斜齿轮时，进给量乘以 cosβ。

表 4.3　模数铣刀加工 35 与 45 钢（156~207HBS）圆柱齿轮的进给量

模数 m (mm)	同时工作的铣刀数目	铣刀每转进给量 f (mm/r)	模数 m (mm)	同时工作的铣刀数目	铣刀每转进给量 f (mm/r)
铣齿机和卧式铣床			>18~22	高速钢铣刀 1	1.5~2.8
2~4	硬质合金铣刀	1.2~2.0	>22~26		1.4~2.5
>4~6		0.6~1.0	>12~14	高速钢铣刀 2	1.6~2.8
>6~12	1	0.5~0.8	>14~18		1.4~2.5
铣　齿　机			>18~22		1.2~2.2
>12~14	高速钢铣刀 1	2.0~3.5	>22~26		1.1~2.8
>14~18		1.7~3.1			

注：1. 加工硬度 170~210HBS 铸铁齿轮时，进给量增加 75%。

　　2. 加工斜角为 β 的斜齿轮时，进给量乘以 cosβ。

表 4.4　高速钢插齿刀加工 35 与 45 钢（156～207HBS）圆柱齿轮的进给量

加工性质	模　数 m （mm）	圆周进给量 f_k （mm/双行程）			
		插 齿 机 功 率（kW）			
		1.0～1.5	1.6～2.5	2.6～5.0	>5.0
精插前一次	≤4	0.35～0.40	0.40～0.45	—	—
	>4～6	0.15～0.20	0.30～0.40	0.40～0.50	
走刀粗插	>6～8	—		0.30～0.40	0.40～0.50
表面粗糙度 $R_a 1.6 \mu m$ 精加工：对实体材料	≤3	0.25～0.30			
对预加工齿	>3～8	0.22～0.25			

注：1. 加工硬度 170～210HBS 铸铁齿轮时，进给量增加 10%。
　　2. 两次走刀粗加工时，进给量增加 20%。
　　3. 剃齿前粗加工，进给量减少 20%；磨齿前粗加工，减少 10%。
　　4. 表中大进给量用于加工齿数大于 25 的齿轮；小进给量用于加工齿数 25 以内的齿轮。
　　5. 径向进给量（切入进给量）取为圆周进给量的 10%～30%。

表 4.5　高速钢花键滚刀加工 35 与 45 钢（156～207HBS）花键轴的进给量

加 工 性 质	花键轴直径 D （mm）	花 键 高 度 h （mm）	工件每转滚刀进给量 f （mm/r）
磨齿前粗加工	14～25	1.5～3	1.8～2.0
	54～82	3～5	2.2
	90～125	5～6.5	2.4～2.5
实体材料上精加工 $R_a 1.6 \mu m$	14～52	1.5～3	0.6
	54～82	3～5	0.8
	90～125	5～6.5	1.2

注：用带角花键滚刀粗加工时，进给量减少 15%。

表 4.6　加工材料力学性能改变时进给量的修正系数

碳 素 结 构 钢			合 金 结 构 钢				
35	45	50	35Cr 40Cr	12CrNi4A, 20CrNiMo, 18CrMnTi, 12CrNi3, 20Cr	30CrMnTi	18CrNiWA, 5CrNiMo, 6CrNiMo, 38CrMoAlA
系　　数　 k_{Mf}							
硬　度　HBS							
156～187	170～207	≤241	170～229	156～207	156～229	156～207	156～229	229～285
1.0	0.9		1.0		0.9		0.8	0.7

表 4.7　高速钢蜗轮滚刀加工灰铸铁（170～210HBS）和
青铜（120HBS）蜗轮的进给量

模数 m (mm)	滚刀直径 d_o (mm)	工件每转进给量 (mm/r)		模数 m (mm)	滚刀直径 d_o (mm)	工件每转进给量 (mm/r)	
		径向 f_r	切向 f_t			径向 f_r	切向 f_t
3	70	0.60～0.90	1.4～1.6	8	145	0.45～0.78	1.1～1.2
4	80	0.55～0.95	1.3～1.5	10	164	0.40～0.74	
5	90	0.50～0.90	1.2～1.4	12	171	0.60～0.70	
6	125	0.50～0.85	1.2～1.3				—

注：加工多头蜗轮时，进给量应按头数成比例地减少。

表 4.8　高速钢齿轮刀具磨钝标准

刀具类型	后刀面最大磨损限度（mm）	
	粗加工	精加工
齿轮滚刀	0.5～0.8	0.2～0.4
模数铣刀	0.8～1.0	
粗加工专用模数铣刀	1.0～1.4	—
插齿刀	0.8～1.0	0.08～0.12

表 4.9　插齿时的超越行程值

被加工齿轮总宽度（mm）	25	50	75	100	125
两端超越值之和（$y+\Delta$）(mm)	5	9	12	16	19

表 4.10　齿轮刀具切削速度计算公式

（一）　计　算　公　式

模数铣刀、齿轮滚刀和插齿刀切削速度：

$$v_c = \frac{C_v}{T^{m_v} f^{y_v} m^{x_v}} k_v$$

式中，v_c 的单位：m/min。

花键滚刀切削速度：

$$v_c = \frac{C_v z_w^{q_v}}{T^{m_v} f^{y_v} h^{x_v}} k_v$$

式中　T——刀具寿命（min）；

　　　f——对齿轮滚刀与花键滚刀为工件每转滚刀进给量（mm/r）；

　　　　　对插齿刀为圆周进给量 $f=f_k$（mm/双行程）；

　　　　　对模数铣刀为每齿进给量 $f=f_z$（mm/z）；

　　　m——齿轮模数（mm）；

　　　h——花键轴花键高度（mm）；

　　　z_w——花键轴花键数；

　　　v_c 的单位：m/min。

(续)

（二）公式中的指数及系数

刀具类型	加工材料	加工性质	模数 m (mm)	Cv	yv	xv	qv	mv	刀具寿命 T (min)
单头齿轮滚刀	45钢 207HBS	粗加工	1.5~6	281	0.5	0	—	0.33	480
		粗加工	7~26	315		0.10		0.33	
		精加工	1.5~3	364	0.85	−0.5		0.5	240
	灰铸铁 170~210 HBS	粗加工	1.5~26	178	0.3	0.15		0.2	960
		精加工	1.5~3	152	0.4	−0.4		0.3	480
修缘齿轮滚刀	45钢 207HBS	粗加工	4~6	270	0.33	0		0.33	
		粗加工	7~26	322	0.33	0.1			
插齿刀		粗加工	1.5~8	49	0.5	0.3		0.2	400
		精加工		90		0		0.3	240
	灰铸铁 170~210 HBS	粗加工		54	0.25	0.15		0.2	400
		精加工		113		0		0.3	240
外径定心花键滚刀（不带角）	45钢 207HBS	粗加工	—	780	0.5	1.28	0.37	0.4	600
		精加工		390					300
内径定心花键滚刀（带角）		粗加工		663					600
		精加工		331					300
齿轮铣刀		粗加工	14~26	49	0.45	0	—	0.33	480

模 数 (mm)	≤4	>4~6	>6~8	>8~12	>12
系 数 k_T	0.5	0.75	1.0	1.5	2.0

注：1．各种滚刀随模数不同，其寿命修正系数见下表；
　　2．表中插齿刀和花键滚刀寿命的数值只适于该表中相应的尺寸。

（三）加工条件改变时的切削速度修正系数

1．加工材料力学性能的修正系数

加 工 材 料	硬 度 HBS	系 数 k_{Mv}
35钢	156~187	1.1
45钢	170~207	1.0
	230~241	0.8
50钢	170~229	0.9
35Cr, 40Cr	156~207	1.0
12CrNi4A, 20CrNiMo, 18CrMnTi, 12CrNi3, 20Cr	156~229	0.9
30CrMnTi	156~207	0.8
18CrNiWA, 38CrMoAlA,	156~229	0.8
5CrNiMo, 6CrNiMo, 0Cr ni3Mo	229~285	0.6

2. 刀具结构特点及其它因素的修正系数

影响切削速度的因素	刀具名称	影响因素数值及系数值						
滚刀头数	齿轮滚刀	头数 z_T	1	2	3	—		
		系数 k_{z_Tv}	1.0	0.85	0.75			
刀具轴向移动	齿轮滚刀与花键滚刀	滚刀移动次数 n_D	0	1	2	3	>3	
		系数 k_{nDv}	1.0	1.1	1.2	1.3		
刀具精度	齿轮滚刀加工钢	精度等级	C	B	A			
		系数 k_{Fv}	1.0		0.8			
滚刀齿形	花键滚刀	滚刀齿形	带角	不带角	—			
		系数 k_{Pv}	0.85	1.0				
花键轴花键数	花键滚刀	花键数 z_W	4	6	8	10	16	20
		系数 k_{zwv}	0.85	1.0	1.1	1.2	1.4	1.5
齿轮齿向	齿轮滚刀与插齿刀	轮齿斜角 ω (°)	0	15	30	45	60	
		系数 $k_{\omega v}$	1.0	0.9	0.8	0.7	—	
齿轮齿数	插齿刀	齿轮齿数 z_W	12	20	40	80	120	
		系数 k_{zwv}	0.95	1.0	1.1	1.2		
走刀次数	齿轮滚刀	走刀次数 i	一次	两次（第一次）	两次（第二次）			
		系数 k_{iv}	1.0		1.4			

表 4.11　高速钢滚刀对碳钢齿轮（190HBS）粗滚齿时的切削用量

模数 m (mm)	滚刀寿命 T (min)	工件每转滚刀进给量 f (mm/r)						
		0.5	1.0	1.5	2.0	3.0	4.0	5.0
		切削速度 v_c (m/min)						
2 3 4		51	36	30	26	20	18	16
5 6		47	33	27	24	19	17	14
8 10	480	45 44	32 31	26	23	18	17 16	—
12		44	31	23	22	17	16	—
16 20		37 36	26 25	22	19	15	—	—
24		34	23	18	15	—	—	—

注：1. 钢的种类和力学性能改变时切削速度修正系数见表 4.10。

　　2. 实际滚刀寿命 T_R 与表中滚刀寿命 T 之比变化时切削速度修正系数见下表：

（续）

T_R/T	0.25	0.5	1.0	2.0	3.0
k_{Tv}	1.6	1.25	1.0	0.8	0.7

3．对灰铸铁齿轮（180~200HBS）粗滚齿时的切削速度可参考下表选择：

模 数 m （mm）	滚刀寿命 T （min）	切削速度 v_c （m/min）
≤3		25~35
>3~6	480	20~30
>6~10		18~25
>10~16		17~20

表 4.12　高速钢滚刀精加工预切出齿槽的齿轮切削速度

模 数 m （mm）	35、45 钢（207HBS）		灰铸铁（170~210HBS）	
	切 削 速 度 v_c （m/min）			
	$R_a6.3~3.2\mu m$	$R_a1.6\mu m$	$R_a6.3~3.2\mu m$	$R_a1.6\mu m$
3~12	22~25	18~20	23~26	20~22
>12	18~20	14~16	20~22	16~18

注：加工条件改变时，切削速度的修正系数见表 4.10 和表 4.11。

表 4.13　高速钢插齿刀在立式插齿机上插齿时的切削速度

圆周进给量 f_k （mm/双行程）	切 削 速 度 v_c （m/min）						预切齿后精加工
	实体材料精加工及粗加工						
	模 数 m （mm）						2~12
	2	4	6	8	10	12	
0.10	41	33	28	25	23	21	—
0.13	36	29	24	22	20	19	—
0.16	32	26	22	20	18	17	44
0.20	29	23	20	18	17	16	39
0.26	25	21	17	16	15	14	34
0.32	23	18	15	14	13	13	31
0.42	20	16	14	13	13	12	25
0.52	18	14	12	11	10	10	—

插齿刀寿命 T （min）	粗加工	420	300
	精加工	240	

注：1．加工条件改变时，切削速度修正系数见表 4.10。

　　2．插铝件齿轮，取 $v_c=60$m/min。青铜齿轮取 $v_c=24$m/min；灰铸铁齿轮取 $v_c=18$m/min。

表 4.14　模数铣刀加工圆柱与圆锥齿轮和蜗轮滚刀加工蜗轮的切削速度

齿轮类型	机床型式	模 数 m (mm)	钢 207HBS		灰铸铁(170~210HBS) 与 青 铜
			切　削　速　度　v_c (m/min)		
			刀　具　材　料		
			高速钢	硬质合金 YT15	高　速　钢
圆　柱	滚齿机与 卧式铣床	≤2	—	174~204	—
		>2~4		162~192	
		>4~6		156~180	
		>6~8		144~174	
		>8~12		132~150	
	滚齿机	14~18	16.2~16.8		13.2
		22~26	17.4~18		13.8
圆　锥	铣齿机与 卧式铣床	4~8	31.8	—	25.2
蜗　轮	滚齿机	3~4	—		26.4~24.6
		5~6			22.8
		8~12			22.2~20.4

注：加工材料力学性能对切削速度的修正系数 k_{Mv} 见表 4.10。

表 4.15　齿轮加工时切削功率的计算公式

1. 计　算　公　式

齿轮滚刀：

$$P_c = \frac{C_{Pc} f^{y_{Pc}} m^{x_{Pc}} d_o^{u_{Pc}} z_w^{q_{Pc}} v_c}{10^3} k_{Pc}$$

插齿刀：

$$P_c = \frac{C_{Pc} f_k^{y_{Pc}} m^{x_{Pc}} z_w^{q_{Pc}} v_c}{10^4} k_{Pc}$$

花键滚刀：

$$P_c = \frac{C_{Pc} f^{y_{Pc}} D^{u_{Pc}} v_c}{10^5} k_{Pc}$$

式中　f——工件每转滚刀进给量（mm/r）；

　　　f_k——插齿刀圆周进给量（mm/双行程）；

　　　z_w——齿轮齿数；

　　　d_o——滚刀和插齿刀外径（mm）；

　　　D——花键轴外径（mm）；

　　　v_c——切削速度（m/min）；

　　　k_{Pc}——切削条件改变时，切削功率修正系数；

　　　P_c 的单位：kW。

（续）

2. 公式中的系数和指数

刀具类型	加工材料	系 数 和 指 数				
		C_{Pc}	y_{Pc}	x_{Pc}	u_{Pc}	q_{Pc}
单头齿轮滚刀	45 钢 207HBS	124	0.9	1.7	−1.0	0
	灰铸铁 170～210HBS	62				
修缘齿轮滚刀	45 钢 207HBS	175		1.0	1.1	
插 齿 刀		179	1.0	2.0	—	0.11
	灰铸铁 170～210HBS	139				
花 键 滚 刀	45 钢 207HBS	42	0.65	—	1.1	—

注：双头滚刀切削功率应增加 64%；三头应增加 100%。

3. 加工材料力学性能对切削功率的修正系数

钢 号	35	45	50	35Cr 40Cr	12CrNi4A, 20CrNiMo, 18CrMnTi, 12CrNi3, 20Cr	30CrMnTi	18CrNiWA, 38CrMoAlA, 5CrNiMo, 6CrNiMo, 0CrNi3Mo	
硬度 HBS	156～187	170～207	208～241	170～229 156～207	156～229	156～207	156～229	230～285
系数 k_{MPc}	0.9	1.0	1.2	1.1 1.0	1.1			1.4

参 考 文 献

1　陈日曜主编．金属切削原理．北京：机械工业出版社，1985

2　乐兑谦主编．金属切削刀具．北京：机械工业出版社，1985

3　株洲硬质合金厂，四川自贡硬质合金厂。硬质合金产品目录和产品介绍，1990～1991

4　Г.А.Допматовский. Справочник технолога по обработке металлов резанием. Машигнз, 1962

5　А.Г.Косиловой др. Справочник Технолога Мащиностроителя, Том2, Москва. Мащиностроение, 1985

6　Ф.Н.Абрамов др. Справочник по Оьраьотке Металлов Резанием, Киев。Техника, 1983

7　国内机床厂车床、钻床和铣床说明书及产品目录，1987～1988

8　机械电子工业部编。机械产品目录5。北京：机械工业出版社，1991

9　Tool and Manufacturing Engineers Handbook. Volume I, Machinery, SME, 1983

1C　美国可切削性数据中心编．机械加工切削数据手册。彭晋龄等译．第三版，第一卷，北京：机械工业出版社，1989

11　超硬工具のカンドコロ，技能ブックス（9），昭和60年

12　データ活用ハンドブック（工作编），技術評論社，1978

13　丸山弘志．JIS工具の選び方．使い方，日本規格協會，1980

14　孟少农主编．机械加工工艺手册．第1、2卷，北京：机械工业出版社，1991

15　中华人民共和国国家标准 GB/T12204—90 金属切削基本术语，北京：中国标准出版社，1991

16　艾兴等．陶瓷刀具切削加工．北京：机械工业出版社，1988